Otto von Frisch

Kanarien vögel

Alles über Anschaffung, Pflege, Krankheiten, Ernährung und Gesang

Mit Farbfotos der besten Tierfotografen und Zeichnungen von Fritz W. Köhler

Gräfe und Unzer

Farbfoto Titelseite: Links: Gelb intensiv, Mitte: Kupferrot nicht intensiv, rechts: Gelb nicht intensiv.
Umschlagseite 2: Ein Pärchen Orangerot intensiv beim Schnäbeln.
Umschlagseite 3: Harzer Roller, links: Gelb nicht intensiv, rechts: Rot nicht intensiv.
Umschlagseite 4: Oben: Farbenkanari Orange intensiv und Gelb intensiv, unten von links nach rechts: Border, Norwich, Nordholländer, Deutsch-Haubenkanari.

Die Fotografen:
Bielfeld: Seite 9, 55; Coleman/Burton: U 2, Seite 56 unten; Coleman/Lambrechts: Seite 56 oben; Dr. Jesse: Seite 38, U 4 re. o.; Reinhard: U 1, Seite 10, 27, 28, 37, U 3, U 4 li. o., unten.

CIP-Kurztitelaufnahme der Deutschen Bibliothek

Frisch, Otto von
Kanarienvögel: alles über Anschaffung, Pflege, Krankheiten, Ernährung u. Gesang; [mit Sonderteil: Kanarienvögel verstehen lernen] / Otto von Frisch. - 5. Aufl. - München: Gräfe und Unzer, 1984.
ISBN 3-7742-2012-3

5. Auflage 1984
© Gräfe und Unzer GmbH, München.
Alle Rechte vorbehalten. Nachdruck, auch auszugsweise, sowie Verbreitung durch Film, Funk und Fernsehen, durch fotomechanische Wiedergabe, Tonträger und Datenverarbeitungssysteme jeder Art nur mit schriftlicher Genehmigung des Verlages.

Redaktionsleitung: Hans Scherz
Lektorat: Elfie Nowak
Umschlaggestaltung: Constanze Reithmayr-Frank
Satz und Druck des Textteils: Buch- und Offsetdruckerei Wagner GmbH
Druck von Farbbildern und Umschlag:
Graphische Anstalt E. Warteisteiner
Bindung: R. Oldenbourg

ISBN 3-7742-2012-3

Professor Dr. Otto von Frisch
Sohn des Nobelpreisträgers Dr. Karl von Frisch (»Bienen-Frisch«), ist in ständigem Kontakt mit allen möglichen Tieren aufgewachsen. So waren seine zahme Dohle »Tobby« und andere Vögel Gefährten seiner Jugend.
Otto von Frisch studierte Biologie an der Universität München, ein Jahr in den USA. Seine Doktorarbeit, die er 1956 schrieb, befaßte sich mit der »Brutbiologie und Jugendentwicklung des Brachvogels«. Heute ist er Direktor am Staatlichen Naturhistorischen Museum in Braunschweig und Professor für Zoologie an der TU Braunschweig. 1973 erhielt Otto von Frisch den Deutschen Jugendbuchpreis für »1000 Tricks der Tarnung«.

Inhalt

Ein Wort zuvor 4

Der Girlitz von den Kanarischen Inseln 5
Wie der Kanarienvogel zu uns kam 5
Entwicklung der Kanarienzucht 5
Der Harzer Roller und andere Züchtungen 5

Kanarien-Rassen 6
Gesangskanarien 6
Gesang und Ausbildung 7
Farbenkanarien 8
Gestaltkanarien (Positurkanarien) 11
Mischlinge 11

Was Sie vor dem Kauf bedenken sollten 13
Grundsätzliche Überlegungen 13
Einzelvogel oder Pärchen? 14
Wenn es ein Sänger sein soll 14
Wichtige Tips für den Vogelkauf 14
   Wo kaufe ich den Kanari? 15
   Fachwissen für das Kaufgespräch 16
   Ein Männchen oder Weibchen? 16

Haltung in Käfig oder Voliere 17
Der richtige Käfig 17
Gemeinschaftsvoliere 19
Freivoliere auf dem Balkon und im Garten 20
Das notwendige Zubehör 21
Pflegearbeiten 23
Der Kanari in Gesellschaft anderer Vögel 24

Der Vogel in seinem neuen Zuhause 26
Der Heimtransport 26
Grundregeln für die Eingewöhnung 26
Die ersten Stunden und Tage daheim 26
Die ersten Freiflüge im Zimmer 29
Gefahren drinnen und draußen 30
Gefahrenkatalog 32
Vorsicht vor anderen Haustieren 33
Entflogen – hinaus ins feindliche Leben 34
Mit dem Vogel verreisen 35

Die Ernährung des Kanarienvogels 39
Von Futter und Fütterung 39
Körner- oder Weichfresser 39
Das Hauptfutter 39
Keimfutter 40
Obst und frisches Grün 40
Weich- und Aufzuchtfutter 41
Vitamine, Mineralstoffe
und Spurenelemente 41
Die tägliche Futtermenge 41
Wasser zum Trinken und zum Baden 42
Ist der Vogel zu mager oder zu fett? 42

Wenn der Kanari krank ist 44
Anzeichen und erste Maßnahmen 44
Kleine Vogelapotheke 45
Krankheiten 45
Die Zeit der Mauser 48

Kanarienhochzeit und Nachwuchs 49
Falls Sie züchten wollen 49
Die »normale« Methode 49
Ein Männchen – mehrere Weibchen 50
Die Wechselhecke 50
Brutstörer 51
Das Zusammenbringen des Paares 52
Was zum Nestbau gebraucht wird 52
Das Weibchen legt 54
Die Jungen schlüpfen 57

Sonderteil:
Kanarienvögel verstehen lernen 59
Was ist das überhaupt, ein Vogel? 59
So lebt der wilde Kanarengirlitz 61
Verhaltensweisen des Kanarienvogels 62
Körpersprache, Lautsprache 64
   Zufrieden oder ängstlich? 66
   So schläft der Vogel 66
   Körperpflege 67

Arten- und Sachregister 71
Bücher, die weiterhelfen 72

Ein Wort zuvor

Kanarien sind nach den Wellensittichen die am häufigsten gehaltenen Heimtiere. Beliebt sind sie, weil sie hübsch aussehen, vor allem aber wegen ihres schönen Gesangs. Kein anderer Stubenvogel singt so schön wie der Girlitz von den Kanarischen Inseln, den man heute vor allem unter der Bezeichnung »Harzer Roller« kennt. Für einen Vogelliebhaber, der sich einen jungen Kanarienvogel anschaffen will, ist deshalb die Frage von größter Wichtigkeit, ob der Vogel später wohl auch singen wird.

Welche Kanarienvogelarten muß man sich also kaufen, wenn man einen guten Sänger haben möchte? Das ist die erste Frage, mit der sich ein Kanarienvogelhalter auseinanderzusetzen hat, eine von vielen, die dieser neue Heimtier-Ratgeber ausführlich beantwortet.

Professor Dr. Otto von Frisch, Sohn des Nobelpreisträgers Professor Karl von Frisch, kennt die schöne Aufgabe der Haltung von Kanarien aus eigener Erfahrung. Er macht dem Tierfreund erst einmal klar, was das überhaupt ist – ein Kanarienvogel, und er beschreibt aus der »Vogelperspektive«, wie der kleine Piepmatz seinen »Vogelpartner Mensch« sieht. Der erfahrene Ornithologe hilft dem Kanarienhalter und den anderen Angehörigen der Familie, mit den täglichen Problemen der Kanarienvogelhaltung besser fertigzuwerden. Anhand praktischer Beispiele lernt der Vogelhalter, wie ein Kanarienvogel richtig gepflegt und ernährt wird, was bei Erkrankung und in der Mauser zu tun ist und welche Vorsorgen getroffen werden müssen, damit sich das Tier beim Freiflug in der Wohnung nicht verletzt.

Nur wenn sich der Kanarienvogel in seinem neuen Heim wohlfühlt, das heißt, wenn ihm sein neuer Besitzer ein vogelgemäßes Leben ermöglicht, entwickelt er sich zu einem guten Sänger. Eine wichtige Voraussetzung für die richtige Behandlung des Kanarienvogels sind auch die Kenntnisse seines Wesens und Verhaltens, die der Autor im Sonderkapitel »Kanarienvögel verstehen lernen« ausführlich schildert.

Für Kanarienvogelliebhaber mit Erfahrung sind die Kapitel »Kanarienhochzeit und Nachwuchs« und »Kanarien-Rassen« geschrieben. Sie enthalten Anleitungen, nach denen Kanarien erfolgreich selbst gezüchtet werden können. Eine nicht einfache Aufgabe, bei der es auf das Gewußt-Wie besonders ankommt.

Der Girlitz von den Kanarischen Inseln

Wie der Kanarienvogel zu uns kam

Als die Spanier Ende des 15. Jahrhunderts die Kanarischen Inseln eroberten, muß ihnen zumindest der variationsreiche Gesang der dort in Bäumen und Büschen heimischen Kanarengirlitze gut gefallen haben. Jedenfalls brachten die Eroberer die ersten wilden Kanarienvögel nach Spanien, und es dauerte nicht lange, bis die Zucht begann. Vor allem die spanischen Mönche taten sich darin hervor. Sie führten einen schwungvollen Handel mit den kleinen gelbgrünen Sängern, verkauften aber nur die Hähne, also die Männchen ins Ausland, nach Italien, Frankreich und England, so daß man dort immer auf Nachschub aus Spanien angewiesen war. Das trug dazu bei, daß die Preise für die begehrten Vögel sehr hoch waren und sich nur reiche Leute diesen Luxus leisten konnten. Bei den Damen waren die Kanarien besonders beliebt, sie wurden von ihnen meist in prunkvollen Käfigen gehalten.
Noch vor Beginn des 17. Jahrhunderts durchbrachen die Italiener und Engländer das Kanarienweibchen-Monopol der Spanier. Auf welchem Weg sie zu eigenen Kanarienhennen gekommen waren, ist bis heute ein Geheimnis. Den Züchtern gelangen die ersten Farbmutationen: die Gelbschecken entstanden. Bald blühte auch in Tirol, in der Schweiz, in Holland und Deutschland die Kanarienvögelzucht auf.

Entwicklung der Kanarienzucht

Nicht nur auf Sangesfreudigkeit und -schönheit wurde gezüchtet, in manchen Ländern verlegte man sich schon frühzeitig auf die Zucht verschiedener Farbschläge oder besonderer Körpermerkmale. Große Mode waren zeitweise die sogenannten »frisierten« Kanarienvögel mit lockigem Gefieder. Bei solchen Zuchtbestrebungen ging allerdings fast immer die vorher mühsam erreichte Schönheit der Stimme verloren.
Die beispielsweise in der Rokokozeit gezüchteten Rassen mit Federhaube und Federkrausen (Haubenkanarien), mit hochgereckter Figur oder unnatürlicher Flügelstellung sind in unseren Tagen kaum mehr gefragt. Heute züchtet man in erster Linie auf Gesang und Farbe, und die neuesten Bemühungen der Züchter gehen dahin, beides in möglichst höchster Vollendung zu vereinen. Den reingelben Kanarienvogel gibt es übrigens schon seit dem 16. Jahrhundert. Der rote Kanarienvogel gelang den Züchtern erst zu Beginn unseres Jahrhunderts.

Der Harzer Roller und andere Züchtungen

In den Harz wurde der Kanarienvogel von Tiroler Bergleuten gebracht. Die Zucht des »Harzer Roller«, der bald weltberühmt werden sollte, begann Anfang des 19. Jahrhunderts in Andreasberg. Ihren Höhepunkt erreichte sie schließlich um die Wende zum 20. Jahrhundert, als Millionen von Kanarienvögeln aus dem Harz in alle Welt verschickt wurden.

Kanarien-Rassen

Da unser Kanarienvogel schon seit rund fünfhundert Jahren domestiziert ist, hat er sich auch etwas in Gesang, Aussehen und Verhalten verändert. Er ist in zahlreichen Rassen gezüchtet worden, wobei die Züchter auf der ganzen Welt sich redlich bemüht haben, *reine* Rassen zu entwickeln, sei es auf dem Gebiet des Gesangs, der Form oder der Farbe. So unterscheidet man heute denn auch drei große Rassengruppen:

Gesangskanarien
Farbenkanarien
Gestaltkanarien

Als vierte Gruppe ist noch die der *Mischlinge* mit verschiedenen Wildfinkenarten zu nennen.

Es gibt etwa vierzig bekanntere Rassen von Gesangs-, Gestalt- und Farbenkanarien, wobei die vielen Kreuzungsformen mit Wildvögeln nicht mitgezählt sind. Längst nicht alle sind als »gängige« Rassen im Handel zu sehen und zu bekommen. Hier überwiegen bei den Farbschlägen die »Gelben« und die »Roten«, unter den Gesangskanarien natürlich die guten Sänger wie beispielsweise der Harzer Roller bei weitem.

Bevor ich einige der vielen Rassen vorstelle, noch eins: Züchter sind nicht erbaut darüber, wenn ihre mühsam herausselektierten Rassen wieder miteinander vermischt werden und solche Mischlinge dann in den Handel kommen. Damit wird die Arbeit von Jahren und Jahrzehnten zunichte gemacht. Sollten Sie also ernsthafte Absichten hegen, eine Zucht aufzubauen, dann müssen Sie auch auf Rasseneinheit achten und sich entscheiden, welche Rasse oder auch Rassen Sie züchten möchten. Wollen Sie aber nur eimal Nestlinge sozusagen für den eigenen Hausgebrauch haben, dann brauchen Sie sich um deren Abstammung und Rasseneinheit keine Sorgen zu machen. Im Gegenteil, vielleicht gewährt Ihnen die bunte Mischung der Nachkommen Ihres gelben Männchens mit seiner roten Frau einen interessanten Einblick in die Mendelsche Vererbungslehre.

Für den Profi in der Kanarienzucht oder solche, die es werden wollen, gibt es umfangreiche Abhandlungen der einzelnen Rassen, in denen vom typischen Gesang fast jeder Ton und vom typischen Aussehen fast jede Feder beschrieben wird. Für den Anfänger und Halter eines einzelnen Vogels ist das eher verwirrend. Deshalb werde ich hier nur soweit auf Einzelheiten der Rassen und Rassengruppen eingehen, daß es eine Entscheidungshilfe bei der Anschaffung eines Kanarienvogels sein kann.

Gesangskanarien

Der bei uns bekannteste Sänger ist zweifellos der *Harzer Roller*. Ursprünglich war er von Tiroler Bergleuten im Nebenerwerb gezüchtet worden, wanderte aber später mit diesen in den Harz, wo seine Gesangsqualitäten weiter verbessert wurden. Der Harzer Roller singt nicht so laut und nicht so schrill wie weniger »vornehme« Kanarienmännchen, sein Gesang ist auch wesentlich abwechslungsreicher (→ Seite 7). Etwas größer als der Harzer Roller und in Deutschland erst seit verhältnismäßig kurzer Zeit als Zuchtvogel eingeführt, ist der *Wasserschläger* oder *Belgische Wasserschläger,* der vor allem im flämischen Teil Belgiens herausgezüchtet worden ist. Sein Gesang ist vielseitiger als der des Harzer Rollers, wenn auch nicht in allen Strophen so wohlklingend. Eine sehr junge Rasse stellt der *American Singer* dar, der aus den USA

Kanarien-Rassen

stammt. Bei dieser Zuchtform, deren Gesang dem des Harzer Roller ähnlich ist, wird jedoch außerdem Wert auf schöne Farben und gute Körperhaltung gelegt. Ähnliche Ziele verfolgt auch die noch ziemlich neue Zuchtrichtung der Gesangs-Farbenkanarien, für den Liebhaber eines einzelnen Sängers eine ideale Kombination, da er Schönheit des Gefieders und Schönheit des Gesangs in sich vereint.

Es sei hier aber nochmals betont, daß auch jeder andere männliche Kanarienvogel, der irgendeiner Kreuzung entsprossen ist, durchaus angenehm und wohlklingend singen kann. Legen Sie Wert auf den Gesang, so lauschen Sie auf jeden Fall vor dem Kauf eine Weile dem Vogel Ihrer Wahl.

Gesang und Ausbildung
Hier soll zunächst der bekannteste Gesang, das »Lied« des Harzer Rollers vorgestellt werden.

Der Harzer Roller wurde absolut auf Schönheit und Reinheit des Gesangs gezüchtet, so daß seinen Strophen die unreinen, kratzenden oder schrillen Töne rasseloser Kanarien fehlen. Sein Lied besteht hauptsächlich aus vier Strophen (»Touren«):
Hohlrolle, Knorre, Pfeife und *Hohlklingel.*
Die Hohlrolle gab dem Harzer Roller seinen Namen. Bei dieser Strophe werden die Laute »ü«, »o« oder »u« anhaltend mit einem rollenden »r« gebracht. Je tiefer der Ton, um so besser. Bei der Knorre, der tiefsten Strophe des Gesangs, wird das »o« gerollt. Die Pfeife besteht aus einem weichem »dü-dü-dü« oder »du-du-du«, das drei- bis fünfmal vorgetragen wird. Die Hohlklingel ähnelt der Rolle, aber statt des »r« wird das weichere »l« verwendet und die einzelnen Töne lassen sich akustisch leicht voneinander trennen. Sie klingt etwa wie »lü-lü-lü« oder »lo-lo-lo«, wobei der Wechsel von tieferen zu höheren Tonlagen und umgekehrt zusammenhängend vorgetragen wird. Neben diesen vier Hauptelementen des Gesangs findet sich natürlich beim Harzer Roller noch eine Reihe anderer Laute und Strophen. Alles zusammen ergibt den typischen Gesang dieser Rasse. Der Harzer Roller singt sein ganzes Lied übrigens mit scheinbar geschlossenem Schnabel.

Das Lied des Harzer Roller besteht aus vier Strophen: eine davon, die »Hohlrolle«, gab dieser Kanarienart ihren Namen.

Für die Züchter bedeuten Auswahl nach Gesangstalent und Training der Jungvögel viel Arbeit und »Einhörvermögen«. Wenn die jungen Männchen selbständig geworden sind und in größeren Käfigen oder Volieren gehalten werden, beginnen sie schon bald mit Gesangsübungen, wobei sie bereits miteinander wetteifern. Freilich sind die ersten Versuche recht mühsam, sie sind jedoch das sicherste Merkmal zur Geschlechtsbestimmung bei den Jungvögeln.

Nach der Jugendmauser werden die jungen Hähne vom Züchter dann einzeln in kleine Singbauer gesetzt, in denen jeder für sich

Oben: Harzer Roller und Kupferrot intensiv. ▷
Mitte: Gloster Fancy Corona und Nordholländer.
Unten: Münchner Gestaltkanarienvogel und Lizard silber.

»studieren« und seinen Gesang verbessern kann. Während dieses Gesangsstudiums können die Sänger sich gegenseitig zwar nicht sehen, wohl aber hören, was den Gesangseifer anspornt. Oft teilt man den Jungvögeln einen guten Vorsänger zu, von dessen Lied die Neulinge lernen, unbedingt notwendig ist das aber nicht. Der schöne Gesang reift auch so zur vollen Reinheit heran.

Die Vorsänger-Methode hatten schon die Tiroler Bergleute erfolgreich angewandt. Das stimmliche Nachahmetalent der Kanarienvögel nutzten sie aber noch mit einem besonderen Trick: Den besten Sängern unter den jungen Männchen ließen sie von Nachtigallen den berühmten Nachtigallenschlag beibringen.

Auch beim Händler sitzen die guten Sänger einzeln in kleinen Bauern. Der Kaufinteressent hat dadurch die Möglichkeit, die Gesangsübungen der Kanarienmännchen abzuhören. Warum Sie Ihren Kanarienvogel nach dem Kauf aber nicht weiterhin in einem solchen Singbauer halten sollen, erkläre ich an anderer Stelle (→ Seite 17).

Farbenkanarien

Die Stammform aller Kanarienvögel, der Kanarengirlitz, zeigt die Farben grün und gelb mit schwarzer Strichelzeichnung und braunschwarzen Flügeln. Was wir heute an farbigen Kanarienrassen kennen, entstammt Mutationen (plötzlich auftretenden Veränderungen der Erbanlagen) dieser Wildfarben und der dann durch den Menschen vorgenommenen gezielten Auslese und Kreuzung ganz bestimmter Farbmerkmale. Es gibt also keineswegs nur gelbe Kanarienvögel. Zunächst einmal ist gelb nicht gleich gelb. Da unterscheidet man schon hellgelb – mittelgelb – dunkelgelb. Da gibt es aber auch weiße, rote, orangerote, braune, silberbraune, orangebraune Vögel und noch viele Farbschattierungen mehr. Merkwürdigerweise ist der gelbe Kanarienvogel gerade bei Laien und Anfängern in der Vogelhaltung immer noch *der* Kanarienvogel. Wahrscheinlich, weil die gelben überhaupt die ersten Vögel waren, die aus Mutationen von Wildvögeln entstanden, und weil sie wohl auch am häufigsten gezüchtet werden und in den Handel kommen. In der Regel sind es auch die preiswertesten Kanarien, die man bekommen kann.

Immerhin sieht man in vielen Zoohandlungen doch auch rot oder rötlich gefärbte und mehr oder weniger weiße Kanarien. Es ist lediglich Geschmackssache, welche Farbe Sie wählen. Kreuzung und Züchtung bestimmter Farbschläge sind eine Wissenschaft für sich. Manche Farbmerkmale sind dominant, das heißt – sehr vereinfacht ausgedrückt –, daß sie sich bei einer Kreuzung auf die Nachkommen weitervererben und bei diesen auch wieder als Gefiederfarben auftreten. Andere Farbmerkmale sind rezessiv, sie sind also bei den Nachkommen zwar im Erbgut enthalten, treten aber äußerlich nicht in Erscheinung. Dieses »dominant« und »rezessiv« spielt bei Kreuzungen und Züchtungen ganz allgemein eine wichtige Rolle. Man muß hier sehr gut Bescheid wissen und bewandert sein, um Farbschläge *rein* weiterzüchten oder neue Farbschläge herauszüchten zu können. Manchmal hat dann auch noch der Zufall durch eine neue Mutation seine Hand im Spiel.

< Zwei Farbenkanari Gelb nicht intensiv.

Gestaltkanarien (Positurkanarien)

Gewissermaßen eine Mittelstellung zwischen Farbenkanarien und Gestaltkanarien nehmen die *Lizard-Kanarienvögel* ein. Ihr Körperbau zeigt jedoch wenig Eigenartiges. Charakteristisch für diese Rasse ist eine dunkle geschuppte Gefiederzeichnung (engl. *lizard* = Eidechse). In England wurde sie wahrscheinlich schon im 16. Jahrhundert gezüchtet. Typische Gestaltkanarien sind jene Vögel, die auf dem Kopf eine mehr oder weniger ausgeprägte Perücke aus Federn tragen, wie der *Crested Kanarienvogel* oder der *Gloster Fancy Corona*. Auch die deutschen Haubenkanarienvögel zählen dazu. Man mag diese Züchtungen mit ihrer unnatürlichen Federbildung noch als durchaus hübsch oder »herzig« ansehen, wogegen dies bei Rassen wie *Bossu Belge, Scotch Fancy*, den *Südholländern* oder dem *Mailänder Frisé* nicht mehr leicht fällt. Bei den letztgenannten handelt es sich um Kanarienvögel, die auf steile Körperhaltung bei schlanker Figur und (oder) wirbelhaft abstehenden Federpartien gezüchtet wurden. Von der ursprünglichen Gestalt des Vogels ist nicht mehr viel übriggeblieben. In freier Natur hätte ein Vogel mit derart krausem Gefieder auch kaum Überlebenschancen. Er würde bei Regen durchnässen und bei kühler Witterung vermutlich erfrieren. Auch wäre er ein schlechter Flieger.

Mischlinge

Zuletzt war von Züchtungen und Kreuzungen verschiedener *Rassen* die Rede, von Vögeln also, die zwar unterschiedlich aussehen können, aber der gleichen Art angehören. Kommt es dagegen zu einer Verpaarung von wildlebenden Finkenvögeln mit Kanarienvögeln, so handelt es sich um eine Kreuzung verschiedener *Arten*.
Unter natürlichen Bedingungen, in freier Natur also, verpaaren sich Angehörige verschiedener Arten fast nie. Ihre Lebens- und Verhaltensweisen sind auch bei naher Verwandtschaft zu unterschiedlich, außerdem steht in der Regel ein ausreichendes Angebot von gleichartigen Partnern des anderen Geschlechts zur Verfügung.

Links ein gescheckter Kanari, rechts ein »Gestaltkanarienvogel« (Holländer).

Unter den Bedingungen in der Gefangenschaft hingegen sind Verpaarungen zweier Arten gar nicht so selten – aus Mangel an besseren Gelegenheiten. Halten Sie also ein Kanarienvogelweibchen in einer Voliere zusammen mit einem Girlitz, Grünfink oder Stieglitz, und haben die beiden jeweils keinen andersgeschlechtlichen Artgenossen zur Verfügung, so können sie sich verpaaren und Junge aufziehen. Diese sind dann Mischlinge aus Kanari und Wildfinkenart. Meist können sich dann solche Mischlinge nicht mehr fortpflanzen. Am engsten verwandt mit dem Kanarienvogel ist von unseren heimischen Finkenvögeln der Girlitz *(Serinus serinus)*. Die Männchen aus einer solchen Zucht sind selbst auch wieder fruchtbar. Das hängt mit

Kanarien-Rassen

dem nahen Grad der Verwandtschaft zusammen. Sehr gern werden auch Kanarienvogel und Stieglitz gekreuzt. Den Jungen kommen dann die bunten Farben des Stieglitz *(Carduelis carduelis)* zugute. Weiter lassen sich kreuzen: Kanari–Grünfink *(Carduelis chloris)*, Kanari–Birkenzeisig *(Acanthis flammea)*, Kanari–Hänfling *(Acanthis cannabina)* oder von fremdländischen Arten Kanari–Karmingimpel *(Carpodactus erythrinus)* sowie der Kanari mit einigen amerikanischen Finkenarten. Das Zusammenbringen und Aneinandergewöhnen solcher verschiedener Partner verlangt aber mehr Zeit und Geduld als das eines Kanarienvogelpaares. Wildvögel sind scheuer, gewöhnen sich schwerer an das Leben in einer Voliere oder gar in einem kleinen Bauer. Sie stellen auch größere Ansprüche an Futter und Nistmaterial. Oft sind Wildvogelmännchen stürmischer und aggressiver als Kanarienmännchen und setzen den Weibchen stärker zu. Doch ist die Kombination Wildvogelmännchen – Kanarienweibchen günstiger als die umgekehrte. Wildvogelweibchen sind oft sehr heikel, was die Art des Nistmaterials betrifft, und bauen meist nicht mit dem, was man ihnen anbietet. Die Gattung der Girlitze ist recht artenreich. Alleine in Afrika gibt es 27 Arten und zahlreiche Unterarten. Der Mocambique-Girlitz *(Serinus mozambicus)* sieht dem Kanarengirlitz recht ähnlich und wird in Westafrika sehr häufig als Käfigvogel gehalten. In den Häfen blüht ein schwungvoller Handel mit diesen kleinen Sängern, die ursprünglich nur in parkartigen Landschaften zu Hause waren, heute aber überall in Feldern, Gärten und Dörfern zu finden sind. Der Gelbbauch-Girlitz *(Serinus flaviventris)* kommt vor allem in Südafrika vor, der Grau-Edelsänger *(Serinus leucopygius)* in Senegal bis Eritrea.

Was Sie vor dem Kauf bedenken sollten

Grundsätzliche Überlegungen

Sie sollten zunächst einmal wirklich gründlich überlegen, ob Sie oder ein anderer, dem Sie den Vogel zugedacht haben, ein Heimtier versorgen kann, auch wenn es »nur« ein Kanarienvogel ist. Sein Unterbringen wird wenig Schwierigkeiten machen. Ein Käfig (→ Seite 17), wie ihn ein Kanarienvogel braucht, läßt sich in fast jede Wohnung oder jedes Zimmer stellen oder hängen, sofern einige Grundbedingungen erfüllt werden. Aber immerhin verlangt auch ein Kanarienvogel, daß man ihn betreut, pflegt, mit Futter und Wasser versorgt, daß man sich also um ihn kümmert – und dies täglich. Er ist nämlich ein ganz normales Haustier und ein ganz normaler Vogel, und nicht etwa – weil es ihn so oft gibt – ein »pflegeleichter Artikel«, den man auch mal drei Tage lang im Dunkeln sitzen oder fasten lassen kann.

Ein Kanarienvogel, so klein er auch sein mag, ist außerdem ein Mitbewohner Ihres Heimes, dem Sie, sollten Sie zum Beispiel nur eine Einzimmerwohnung haben, nicht so ohne weiteres aus dem Weg gehen können. Vielleicht fällt Ihnen dann der Vogel nach einiger Zeit auf die Nerven – oder Sie dem Vogel. Schon das »Tip-Tap« beim Hin- und Herhüpfen von einer Sitzstange seines Käfigs auf die andere kann über längere Zeit einen Nervösen noch nervöser machen; vielleicht wird Ihnen zeitweise sogar sein Gesang über, auch das gibt es. Wenn andererseits Sie eine Zigarette nach der anderen rauchen, findet der Vogel das gar nicht erfreulich.

Ich schreibe das nicht, weil es so kommen muß, sondern weil es so kommen kann, und weil ich auch meine Erfahrungen gemacht habe. Ich möchte vermeiden, daß Sie sich ein Tier ins Haus holen, das Sie nach einiger Zeit liebend gern wieder los wären. Ein Tier ist kein Gegenstand, den man nach Wunsch herumschieben oder abgeben kann. Ein Tier, auch ein Kanarienvogel, fühlt sich am wohlsten an einem ihm vertrauten Platz. Und einfach Fenster auf und hinaus in die »Freiheit«, etwa wenn der Urlaub naht, das können Sie mit Ihrem Kanarienvogel schon gar nicht machen. Spätestens im nächsten Herbst geht er ein, wenn ihn nicht schon früher dank seiner auffallenden Färbung eine Katze oder ein Greifvogel gefangen hat oder ihm ein anderes Mißgeschick widerfahren ist.

Da wir gerade beim Stichwort »Urlaub« sind: Für diese, auch einem Vogelhalter zustehende Zeit oder andere Abwesenheitsgründe, gilt es ebenfalls, schon vor dem Kauf zu überlegen, wer in solchen Fällen den Vogel versorgen kann (→ Seite 36). Denn normalerweise werden Sie Ihren Kanarienvogel ja zu Hause lassen und nicht mit ihm verreisen wollen (→ Seite 35). Vielleicht ist der Kanarienvogel, den Sie kaufen möchten, auch nicht Ihr erstes Heimtier. Vielleicht haben Sie schon einen Hund, eine Katze, ein Meerschweinchen oder einen Papagei. Dann heißt es ein bißchen überlegen, wie man den »Neuen« in diese Gesellschaft einführen und wie man verhindern kann, daß es zu Tragödien kommt. Das gilt auch, wenn Sie bereits den Kanarienvogel haben und später ein weiteres Haustier dazunehmen. Doch zu diesem Punkt an anderer Stelle mehr (→ Seite 33).

Überdenken Sie also reiflich, ob der Kanarienvogel zu Ihren Lebensumständen und Ihren Lebensgewohnheiten paßt, *bevor* Sie den Entschluß fassen, sich einen Kanarienvogel anzuschaffen.

Was Sie vor dem Kauf bedenken sollten

Einzelvogel oder Pärchen?

Der eine weiß es schon ganz sicher, daß er nur einen Einzelvogel halten will, der andere überlegt, ob nicht doch Pärchen besser wären. Wenn schon ein Pärchen, dann sollten Sie aber etwa ein Jahr warten, bis sich der Einzelvogel – ein Männchen – bei Ihnen eingewöhnt hat und mit Ihnen vertraut geworden ist, bevor Sie das Weibchen dazukaufen. Doch darauf komme ich noch ausführlicher zurück (→ Seite 52). Zunächst läßt sich grundsätzlich zur Einzel- oder Pärchenhaltung sagen: Einzelhaltung ist für Vogelliebhaber mit kleiner Wohnung zu empfehlen, die aber viel zu Hause sind und möchten, daß sich der Vogel seinem Pfleger anschließt und sehr zutraulich wird. Für Vogelliebhaber mit ebenfalls nicht sehr großer Wohnung, die aber tagsüber außer Haus oder auch sonst wenig zu Hause sind, ist ein Pärchen geeigneter. Wenn die Tiere ihre gegenseitige Gesellschaft haben, macht ihnen die Abwesenheit ihres Pflegers nichts aus – vorausgesetzt, es steht den Vögeln genügend Bewegungsraum und stets frisches Futter und Trinkwasser zur Verfügung. Vogelliebhaber mit größerer Wohnung oder Haus und Garten können natürlich mehrere Vögel in einer Voliere halten.
Für die Einzelhaltung muß sich in jedem Fall entscheiden, wer Wert auf einen Sänger – also ein gut und ausdauernd singendes Männchen – legt.
Doch damit sind wir schon beim nächsten Punkt: Sie wollen unbedingt einen Sänger!

Wenn es ein Sänger sein soll

Das wollen die meisten Vogelliebhaber, die sich zu einem Kanarienvogel entschließen.
Ein Tip zuvor: Kaufen Sie im November oder Dezember ein Junghähnchen aus der Jahreszucht, das bereits singen gelernt hat. Behalten Sie sich aber ausdrücklich Umtauschrecht vor für den Fall, daß sich der Sänger als Schweiger erweisen sollte.
Die guten Sänger sitzen in der richtig geführten Zoohandlung einzeln in kleinen Bauern, und Sie haben hier die Möglichkeit, ihnen bei ihren Gesangsübungen zuzuhören und sich für diesen oder jenen zu entscheiden, dessen Stimme oder Repertoire Ihnen besonders gut gefällt (→Seite 7). Nehmen Sie sich Zeit und hören Sie dem Vogel Ihrer Wahl noch eine Weile zu.
Wenn Sie Wert auf besonders ausgereiften Gesang legen, dann sollten Sie sich von einem auf Gesangskanarien (→ Seite 6) spezialisierten Fachmann beraten lassen. Nicht alle Kanarien haben einen angenehmen Gesang, genausowenig wie alle Kanarienvögel gelb sind. Manche singen laut und schrill, was vor allem in einer kleinen Wohnung dazu führen kann, daß Sie sich durch den Gesang bald mehr gestört als unterhalten fühlen. Vor allem bei den Farbenkanarien, die in erster Linie auf schöne Farben gezüchtet werden, kommt das vor. Daß eine neue Zuchtrichtung darauf hinzielt, ausgereiften Gesang und schöne Farben in einem Vogel zu vereinen, habe ich schon an anderer Stelle erwähnt.

Wichtige Tips für den Vogelkauf

Wenn Sie sich einen Kanarienvogel im Zoofachhandel kaufen möchten, sollten Sie möglichst jemanden mitnehmen, der schon ein wenig über Vögel Bescheid weiß. Zumindest wäre es gut, wenn Sie sich bei Bekannten, die selbst Kanarienvögel oder auch andere Klein-

Was Sie vor dem Kauf bedenken sollten

vögel haben, vorher etwas umhören und umsehen. Denn Sie wollen sich ja einen jungen, gesunden und kräftigen Vogel aussuchen und keinen, der schon kurze Zeit nach dem Kauf zu Hause tot von der Stange fällt. Müssen Sie aber beim Zoohändler ganz allein entscheiden, welchen Vogel Sie nehmen wollen, dann verlassen Sie sich auf Ihre Augen, Ihr Gefühl und das, was ich nachfolgend an besonderen Merkmalen zusammengestellt habe. Sie können sich im Zoofachhandel sicher auf die Aussagen der geschulten Verkäufer verlassen. Aber es gibt leider neben den vielen seriösen Tierhändlern, die nur gesunde und dem Wunsch des Käufers entsprechende Tiere abgeben, auch solche, die in erster Linie ein gutes Geschäft machen möchten und Ihnen dann einen kranken Vogel verkaufen. Lassen Sie sich deshalb beim Kauf Zeit und sehen Sie sich die verschiedenen Vögel genau an. Stellen Sie sich vor, der Vogel wäre ein Gebrauchtwagen. Da nehmen Sie ja auch nicht den nächstbesten Und der Vogel ist tatsächlich schon »gebraucht«. Er ist nicht eben erst aus dem Ei geschlüpft, sondern hat schon einige Monate gelebt und das eine oder andere miterlebt.

Achten Sie ganz besonders auf folgende Dinge:

Das Gefieder:
- Ist das Gefieder glatt, sauber und lückenlos
- oder ist es struppig, verschmutzt und zeigt Kahlstellen, vor allem um Kopf und Hals?

Die Beine:
- Sind die Beine des Vogels sauber, liegen die Hornschuppen daran glatt an
- oder wirken die Beine schrundig, stehen die Schuppen ab, fehlen gar Zehen oder Zehenglieder und sind die Nägel zu lang und verkrümmt?

Das Verhalten:
- Ist der Vogel munter, hüpft, fliegt, frißt, trinkt er, putzt er sich, beobachtet er aufmerksam seine Umgebung
- oder sitzt er aufgeplustert auf der Stange oder auf dem Boden, hält die Augen meist geschlossen, atmet schwer und reagiert nicht auf Vorgänge außerhalb des Käfigs?

Die Verdauung:
- Kotet der Vogel in regelmäßigen Abständen ohne sichtliche Anstrengung, ist das Gefieder um die Kloake herum sauber
- oder versucht er, ständig drückend und mit dem Schwanz wippend, ergebnislos Kot abzusetzen und ist das Gefieder um die Kloake verklebt und schmutzig?

Trifft auch nur eine der negativen Beschreibungen zu, dann lassen Sie den Vogel, wo er ist, aber machen Sie den Verkäufer wenigstens darauf aufmerksam, damit er sich um das offensichtlich kranke Tier kümmert.

Wo kaufe ich den Kanari?
Nach beschriebener Methode können Sie leicht prüfen und entscheiden, ob Sie einen Vogel kaufen sollen oder nicht. Das ist natürlich nur möglich, wenn Sie den Kanarienvogel in einer Zoohandlung oder auch in der Spezialabteilung eines großen Kaufhauses aussuchen. Bestellen Sie ihn jedoch über den Versandhandel (und es gibt heute kaum etwas, das auf diesem Weg nicht erhältlich ist), dann fehlt die Möglichkeit der vorherigen Besichtigung. Sie bestellen nach einer Liste, und das Tier wird Ihnen geschickt.

Was Sie vor dem Kauf bedenken sollten

Was da ins Haus kommt, merken Sie erst, wenn Sie die Verpackung öffnen. Ist der Vogel krank, verletzt oder gar tot, dann haben Sie im allgemeinen Umtauschrecht (vorher vergewissern!), aber Sie haben die Schererei des Zurücksendens. Oder das kranke Tier tut Ihnen leid. Sie zahlen und behalten es. Wenn es dann nach ein paar Tagen eingeht, ist das Umtauschrecht erloschen. Lassen Sie sich auf jeden Fall bei Ankunft des Vogels, der per Post oder Bahnexpreß geschickt wird, vom zuständigen Beamten eine Bestätigung darüber geben, in welchem Zustand das Tier angekommen ist – vor allem, wenn es krank oder gar tot sein sollte.

Fachwissen für das Kaufgespräch
Bevor Sie sich einen Kanarienvogel zulegen, sollten Sie auch wissen, wie seine einzelnen Körperteile bezeichnet werden und wo sie zu finden sind. Es macht sich immer gut, wenn man dem Verkäufer merken lassen kann, daß man wenigstens ein bißchen Ahnung hat, und nicht zum Beispiel interessiert die Kehle eines Vogels betrachtet, wenn er vom Bürzel spricht – der genau an der entgegengesetzten Stelle zu suchen ist.
Unsere Zeichnung auf Seite 59 stellt einen Phantasievogel dar, der die Merkmale verschiedener Arten in sich vereinigt.

Am *Kopf* eines Vogels befinden sich:
Kehle	Kopfstreif
Kinn	Überaugenstreif
Unterschnabel	Augenstreif
Oberschnabel	Bartstreif
Stirn	Nasenlöcher
Scheitel	Schnabelwachshaut
Nacken	Auge
Ohrgegend	Augenring
Wangen	Ohröffnung (verdeckt)
Scheitelstreif	

Am *Körper* eines Vogels befinden sich:
Vorderrücken	Schulter
Rücken	Flanke
Bürzel	Flügel
Kloake	Schwanz
Bauch	Beine
Brust	

Die *Flügel* setzen sich zusammen aus:
Oberarm	Handschwingen
Unterarm	Daumenfittich
Hand	Armdecken
Armschwingen	Handdecken

Der *Schwanz* setzt sich zusammen aus:
Oberschwanzdecken
Steuerfedern
Unterschwanzdecken

Das *Bein* setzt sich zusammen aus:
Oberschenkel	Zehen
Unterschenkel	Krallen
Lauf	

Ein Männchen oder Weibchen?
»Hahn« oder »Henne«, um in der Fachsprache zu bleiben, sind vom Laien fast nur am Gesang zu unterscheiden. Wenn ein Männchen nicht gerade lauthals singt, sieht man ihm sein Geschlecht nicht so ohne weiteres an. Zwar sind Männchen im allgemeinen etwas größer und kräftiger als die Weibchen, die Farbe um die Augen ist lebhafter, aber auch da gibt es Ausnahmen. Bei Männchen in Brutstimmung (das kann schon im Dezember sein) ist die Haut um die Kloake etwas vorgestülpt. Der Fachmann nennt das »Zapfen«. Den Weibchen fehlt er oder er ist nur am hinteren Kloakenrand etwas ausgebildet. Lassen Sie sich von einem Zoofachhändler beraten, wenn Sie sich nicht sicher sind im Erkennen der Geschlechter.

Haltung in Käfig oder Voliere

Art und Größe des Käfigs für einen Kanarienvogel hängen ganz davon ab, was Sie mit Ihrem künftigen gefiederten Pflegling vorhaben. Es ist ein Unterschied, ob Sie den Vogel im Zimmer halten wollen oder ob Sie die Möglichkeit haben, ihn draußen unterzubringen, ob Sie ihn allein halten wollen oder mit mehreren zusammen, oder ob Sie gar züchten möchten. Der Normalfall für einen Anfänger in der Kanarienvogelhaltung ist wohl ein einzelnes Tier.

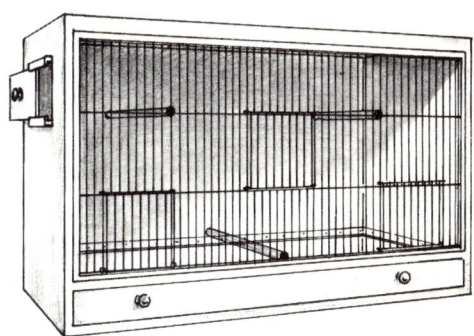

Kastenkäfige mit nur einer offenen Seite eignen sich besonders für noch scheue oder für kranke Vögel.

Der richtige Käfig

Im Fachhandel finden Sie eine große Auswahl an Käfigen für Kanarien- und andere Vögel, aber nicht alle sind brauchbar und praktisch. Zwei Dinge müssen Sie vor allem beachten: die Größe und die Zweckmäßigkeit des Käfigs. Auch ein einzeln gehaltener Kanarienvogel braucht einen Käfig, der mindestens 50 cm lang, 30 cm breit und 40 cm hoch ist. Bedenken Sie, daß dies immer noch klein genug ist für ein Tier, dem in der Freiheit der ganze Himmel offensteht.

Sie werden vielleicht in einer Zoohandlung oder bei Züchtern Kanarienvögel in ganz kleinen Käfigen sehen, die nur etwa 28 x 28 x 18 cm messen. Es handelt sich dabei um die sogenannten »Singbauer«, in denen die Kanarienhähne, also die Männchen, zur besseren Ausbildung ihres Gesanges zeitweise gehalten werden. Die Vögel können in diesen kleinen Käfigen eigentlich gar nichts anderes tun als singen. In einem entsprechend großen Bauer dagegen oder in einer Zimmer- oder Freivoliere kann sich der Kanarienvogel einigermaßen artgemäß verhalten. Vielleicht lenkt ihn das etwas von seinem Gesang ab, aber singen wird er trotzdem. Und Sie wollen doch ganz sicher einen Vogel haben, der einige Jahre gesund und munter bleibt, wenn er dafür auch etwas weniger singt, und nicht einen, der sich die Kehle aus dem Leib trillert und nach zwei oder drei Jahren aus Mangel an Bewegung kränkelt oder eingeht.

Soviel zur Größe. Außer geräumig soll der

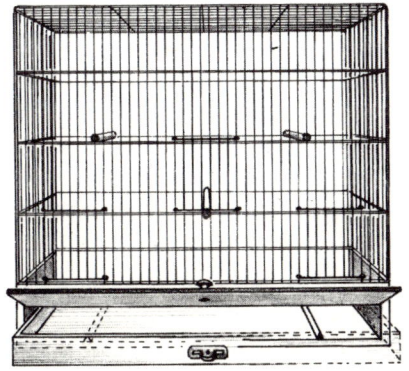

Käfige mit herausziehbaren Bodenladen können schnell und gründlich gesäubert werden.

Haltung in Käfig oder Voliere

Käfig auch praktisch sein, für den Vogel und für Sie. Der Vogel muß richtig hüpfen und zumindest etwas flattern können, wenn fliegen schon nicht möglich ist. Er muß sein Futter, sein Wasser und sein Badewännchen leicht erreichen und benützen können, und es darf nirgends die Gefahr bestehen, daß er sich verklemmt oder einzwickt. Sie wiederum müssen den Käfig leicht sauberhalten und gelegentlich auch transportieren können. Im Zoofachhandel gibt es, wie schon gesagt, zahlreiche Angebote. Aber nicht alle sind praktisch, einiges ist auch nur Zierkram, den der Vogel sicher nicht zu schätzen weiß. Er fühlt sich nur beengt. Glänzende oder weiße Gitterstäbe sehen zwar gut aus, vor lauter glitzernder Helligkeit können Sie aber den Vogel dahinter kaum erkennen. Dunkle und matte Gitterstäbe sind augenfreundlicher und ermöglichen Ihnen einen ungehinderten Durchblick. Selbstverständlich müssen die Stäbe einen so geringen Abstand voneinander haben, daß der Kanarienvogel nicht durchschlüpfen kann. Da das Zurückziehen gegen den Federstrich nicht immer klappt, sollte es ihm nicht einmal möglich sein, auch nur den Kopf durchzustecken. Er könnte sich also leicht strangulieren (→ Zeichnung Seite 19). Achten Sie darauf, daß der Käfig eine Schublade über dem Boden hat, die sich gut nach vorne herausziehen läßt, und daß sich nach dem Herausziehen eine Klappe über die Ladenöffnung legt. Fehlt der Boden unter der Schublade und die Klappe vor der Öffnung, so kann der Vogel, während Sie die Schublade säubern, entkommen. Der untere Teil des Käfigs sollte etwa 10 bis 12 cm hoch durch Glas, Plastik oder auch Holz rundherum abgedichtet sein. Sand, Futter- und Kotreste können dann nicht herausfallen und Ihre Wohnung verschmutzen. Schließlich

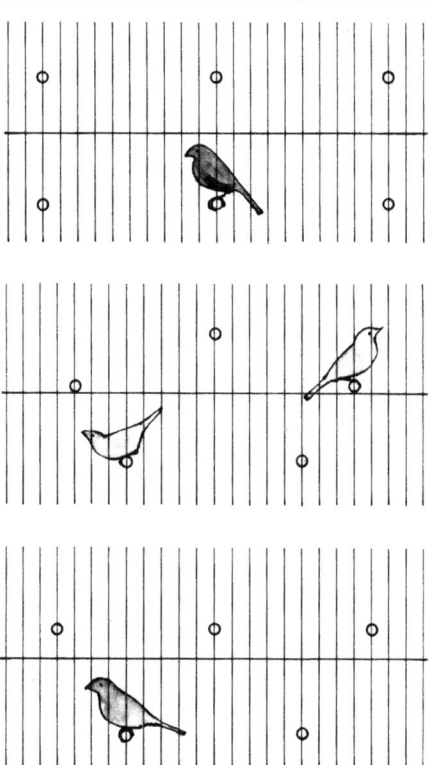

Diese Beispiele zeigen, wie Sitzstangen im Vogelkäfig angeordnet werden können.

müssen die Türen des Käfigs einen festen und sicheren Verschluß haben, damit sie nicht aufspringen, wenn beispielsweise die Zimmertür einmal zuknallt.
Neben den rundum vergitterten Käfigen gibt es noch die sogenannten Kastenkäfige. Bei diesen ist nur die Vorderfront vergittert, die übrigen Seiten und das Dach bestehen aus Holz. Solche Käfige eignen sich besonders zur

Haltung in Käfig oder Voliere

Eingewöhnung scheuer sowie zur Quarantäne und Pflege kranker Vögel.
Wenn Sie die Möglichkeit haben, Ihren Kanarienvogel auch nur zeitweise an die frische Luft und an die Sonne zu bringen, so sollten Sie das unbedingt tun. Sie können den Käfig auf den Balkon, die Terrasse oder in den Garten hängen oder stellen. Doch nie in die pralle Sonne und auch nie dorthin, wo der Wind um die Ecke pfeift oder wo es ständig zieht. Halbschatten – zum Beispiel unter einem Baum – ist richtig (Vorsicht vor Katzen!). Und wenn Sie das Käfigdach und die offenen Seiten des Bauers mit einem Tuch abdecken, ist der Vogel auch vor Zugluft geschützt.

Gemeinschaftsvoliere als Zimmereinrichtung

Besser als ein Käfig ist natürlich eine Voliere. Genauer gesagt: Eine Voliere ist ein so geräumiger Käfig, daß der Vogel darin auch fliegen kann (vom französischen *voler* = fliegen). Sie können auch mehrere Kanarienvögel darin halten oder Kanarienvögel mit anderen kleinen Körnerfressern vergesellschaften (→ Seite 24). Im Grunde gilt für eine Voliere all das, was für den kleinen Käfig gesagt wurde. Das Gitter wird in der Regel allerdings aus Maschengeflecht (Maschenweite 12,5 mm) und nicht aus Stäben bestehen. Hier eignet sich kunststoffbeschichtetes Geflecht gut, da sich die Vögel an ihm nicht so leicht verletzen können wie an blanken verzinkten Drähten. Zimmer- und auch Freivolieren (→ Seite 20) gibt es im Handel. Man kann sie jedoch auch selbst basteln und dann für den Platz des Zimmers maßschneidern, an dem die Voliere stehen soll.

Mit kleinen Türklappen kommen Sie bei Volieren allerdings nicht mehr aus. Sie müssen ja selbst hineingelangen können, zum Saubermachen, zum Kontrollieren eventueller Nistkästen oder zum Herausfangen eines verletzten oder kranken Vogels. Es muß daher eine richtige Tür vorhanden sein, die jedoch nicht größer sein soll als unbedingt

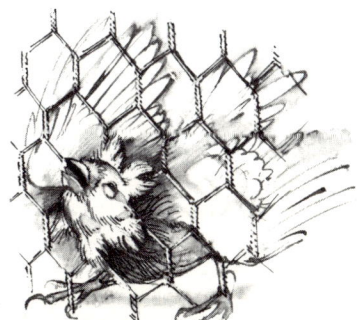

Das Käfiggitter wird zur Todesfalle, wenn der Vogel seinen Kopf durchstecken, aber nicht wieder zurückziehen kann...

...bei entsprechend geringer Weite der Käfigmaschen kann es nicht zu diesem Unglück kommen.

Haltung in Käfig oder Voliere

notwendig. Gerade wenn in einer Voliere mehrere Vögel leben, die nervös durcheinanderflattern, sobald jemand hineinkommt, passiert es leicht, daß einem der eine oder andere Volierenbewohner durch die Tür entwischt. Sie soll folglich so schmal wie möglich und an der dem Licht (Fenster) abgewandten Seite eingebaut sein, da Vögel immer zum Licht streben.

Bei der Innenausstattung einer Voliere können Sie mehr Phantasie walten lassen als bei der eines Käfigs. Verästelte Zweige verschiedener Stärke geben dem Vogel ausreichend Gelegenheit, seine Füße und Zehen zu gebrauchen. Die normalerweise 12 mm starken Sitzstangen aus Hartholz oder gerilltem Plastik, wie sie mit den Käfigen angeboten werden, sind meist recht hart, jeder Aufsprung kann zum Aufstoß werden, obendrein erlauben sie dem Vogel nur immer den gleichen Zehengriff. Das kann über kurz oder lang zu Fußkrankheiten führen. Schon bei Käfighaltung empfiehlt es sich, zusätzlich zu diesen Stangen natürliche Zweige unterschiedlicher Stärke anzubringen. In Volieren sollten Sie nur natürliche Zweige verwenden, beispielsweise von Obstbäumen, Pappeln, Weiden, Holunder, Fichten, Eschen, die öfter erneuert werden müssen. Sie verschmutzen leichter und schneller als die glatten Stäbe und lassen sich auch nicht so gut säubern. Diese kleine Mehrarbeit wird sich aber in vieler Hinsicht lohnen.

Freivoliere auf dem Balkon und im Garten

Ich sagte es schon bei der Käfighaltung: Jede Möglichkeit, Ihren Kanarienvogel an die frische Luft zu bringen, sollten Sie nutzen. Wesentlich besser ist es natürlich, wenn sich der Vogel in einer Freivoliere die ihm zusagenden Plätze selbst aussuchen kann. Für eine Freivoliere gilt zunächst das gleiche wie für eine Zimmervoliere. Während ein Vogel aber im Haus geschützt ist, können ihm draußen allerlei Feinde nach dem Leben trachten. Katzen, Marder, Wiesel, Ratten und Eulen werden vor allem nachts versuchen, in die Voliere einzudringen oder den Vogel von außen durch das Gitter zu greifen. Ratten und Mäuse graben sich sehr schnell unter der Voliere durch, wenn dies nicht durch ein solides Betonfundament, das mindestens 1 m tief in den Boden eingelassen werden muß, verhindert wird. Auch kann man gegen Ratten und Mäuse mit Fallen und Gift (beispielsweise Brumolin) vorgehen, sobald Löcher im Boden ihre Anwesenheit verraten. Daß Gift und Fallen außerhalb des Käfigs ausgelegt beziehungsweise aufgestellt werden, versteht sich von selbst. Gegen Katzen und Eulen kann man wenig unternehmen. Das sicherste Mittel gegen diese nächtlichen Störenfriede ist eine doppelte Maschendrahtbespannung der Voliere: Vor den eigentlichen Volierendraht wird in 8 bis 10 cm Abstand ein zweiter gespannt. Allerdings ist das kostspielig und erschwert auch den Einblick in die Voliere. Eine weitere Abwehrmaßnahme gegen Katzen, Marder und Eulen bildet ein mit Schwachstrom geladener Draht, der unten und oben um die Voliere läuft, aber gegen die Volierengitter isoliert ist. Die Räuber kommen mit dem Draht in Berührung, erhalten einen schwachen, aber spürbaren Schlag, der ausreicht, um sie zu vertreiben (Prinzip des elektrischen Weidezauns).

Der Platz, an dem Sie Ihre Freivoliere aufstellen, muß natürlich vor Wind, Zug und heftigen Regengüssen geschützt sein. Zwar schadet es durchaus nicht, wenn es in die

Haltung in Käfig oder Voliere

Voliere hineinregnet, aber irgendeinen trockenen Platz wollen die Kanarienvögel haben. Ideal ist es, wenn sie etwa ein Viertel oder ein Drittel der Voliere nicht nur regendicht überdachen, sondern diesen Teil auch rundum mit Stein, Holz oder Plastik abdichten. So entsteht ein windgeschützter trockener Raum, den die Vögel bei schlechtem Wetter aufsuchen können. Bei Volieren, die ans Haus gebaut werden, eignet sich dafür im allgemeinen das hausnahe Teil. Gleichzeitig gibt Ihnen eine solche Lösung eventuell die Möglichkeit, durch ein Fenster vom Haus aus in die Voliere zu schauen und die Vögel – ohne sie zu beunruhigen – zu beobachten.

Sie können in der Freivoliere selbstverständlich auch Büsche und Bäume pflanzen. Kanarienvögel fressen gern Knospen und andere Pflanzenteile neben ihrer Körnerkost (→ Seite 39). Solange die Voliere groß genug und nicht mit Kanarienvögel und anderen Körnerfressern (besonders Sittichen und Kleinpapageien) überbesetzt ist, tritt ein Schaden an den Pflanzen kaum auf. Immergrüne und hartlaubige Pflanzen, Nadelbäume, Weiden, Birken, Pappeln und Obstbäume eignen sich besonders als Bepflanzung.

Steht den Kanarienvögeln in der Freivoliere ein angebauter fester Innenraum mit Beleuchtung und Heizung zur Verfügung, dann können sie ganzjährig draußen gelassen werden. Sie sind – einmal ans Freie gewöhnt – recht witterungsfest und halten auch ein paar Grad minus aus. Natürlich läßt sich die Freivoliere auch mit einem Zimmer im Haus oder mit einer Zimmervoliere durch ein Fenster oder eine Luke verbinden. Durch eine kleine Luke fliegen die Vögel allerdings nicht gern. Man muß ihnen dann durch ein beiderseits der Luke angebrachtes Anflugbrettchen die Möglichkeit geben, auch »zu Fuß« hinein- und herauszukommen.

Vögel, die das ganze Jahr über im Freien sein können – zumindest dann, wenn sie wollen – bleiben gesünder und munterer. Auch der Nachwuchs gedeiht unter solchen »natürlichen« Bedingungen besser und wird kräftiger als bei reiner Zimmerhaltung. In sehr kalten Wintern allerdings sollten Sie die Vögel ins Haus bringen, ihnen aber ab und zu einen Freiflug im Zimmer gewähren.

Das notwendige Zubehör

Von den Sitzgelegenheiten (Stangen, Zweige, Äste) im Käfig oder in der Voliere war ja schon bei der Innenausstattung der Zimmervoliere (→ Seite 20) kurz die Rede. Ich habe auch darauf aufmerksam gemacht, daß die normalerweise mit dem Käfig gelieferten 12 mm dicken Stangen aus Hartholz oder gerilltem Plastik dem Vogel wegen ihrer einheitlichen Stärke nur immer den gleichen Zehen-

Sitzstangen müssen so stark sein, daß der Kanari sie mit den Zehen nicht umgreifen kann (links: richtig, rechts: falsch).

griff erlauben und obendrein recht hart sind, so daß jeder Aufsprung zum Aufstoß werden kann. Fußkrankheiten wären die Folge. Ganz anders bei natürlichen Ästen und Zweigen. Hier kann der Vogel weicher und federnd landen, hier kann er nachwippen.

Haltung in Käfig oder Voliere

Die unterschiedliche Stärke dieser Hüpf- und Sitzgelegenheiten verlangt Ihrem Kanarienvogel die notwendige Fuß- und Zehengymnastik ab. Für die Ausstattung mit möglichst verzweigten Ästen, beispielsweise von Obstbäumen, Pappeln, Weiden, Holunder, Fichten und Eschen, bieten sich Volieren geradezu an. Aber auch bei Käfighaltung empfiehlt es sich, die harten Einheitsstangen durch Zweige unterschiedlicher Stärke zu ersetzen. Sie haben nur den Nachteil, daß sie leichter und schneller verschmutzen als die glatten Stäbe und sich auch nicht so gut säubern lassen, folglich öfters erneuert werden müssen.

Grundsätzlich gilt für Stangen und Zweige: Sie müssen so dick sein, daß der Vogel sie mit seinen Zehen nicht umgreifen kann. Auch sollten die Sitzgelegenheiten möglichst abwechslungsreich angebracht werden.

Auch die Wahl der Futter- und Trinkgefäße muß gut überlegt werden. Zum Trinken gibt es im Handel Trinkröhrchen, deren für den Vogelschnabel erreichbarer wasserspendender Teil gerade so groß ist, daß der Schnabel – und nicht viel mehr – hineinpaßt. Die Röhrchen fassen, je nach Größe, den täglichen Trinkwasserbedarf oder einen Wasservorrat für mehrere Tage. Für den Notfall, beispielsweise, wenn Sie verreisen! Im Normalfall muß täglich frisches Trinkwasser gegeben werden. Die Röhrchen werden von außen oder innen zwischen die Gitterstäbe des Käfigs geklemmt. Am Drahtgeflecht von Volieren müssen sie meist zusätzlich mit Bindedraht befestigt werden, um sicher zu halten.

Für trockenes Körnerfutter gibt es ebenfalls Röhrchen, aus denen das Futter nach und nach in den darunter befindlichen Napf rutscht. Auch in solche Futterschütten kann man einen größeren Vorrat füllen, der dann ständig in den für den Vogel erreichbaren Teil nachfließt. Aber prüfen Sie vor dem Kauf, ob die von Ihnen gewählte Futtermischung in dem Röhrchen auch richtig nachrutschen kann. Das funktioniert nämlich nicht immer. Manche dieser Futtersilos laufen gleich ganz leer, andere verstopfen sehr leicht, und der Vogel sitzt dann hungrig vor dem Futter, an das er nicht herankommt.

Weichfutter geben Sie am besten in den üblichen glatten Porzellanschalen, die sich leicht reinigen und sauberhalten lassen. Plastik verkratzt bald und in den feinen Ritzen hält sich der Schmutz fest. Für Weichfutter gibt es auch spezielle Näpfchen, die zwischen zwei Gitterstäbe geschoben werden können. Grünfutter und Obst klemmen Sie entweder zwischen die Gitterstäbe, so daß der Vogel von seiner Sitzstange aus leicht daran kann, oder Sie hängen es vom Käfigdach an einem Holzstückchen aufgespießt über die Sitzstange.

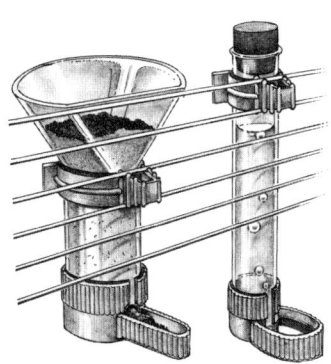

Futter- und Wasserspender werden von oben gefüllt und geben unten Futter oder Wasser in Kleinstportionen ab. Kontrollieren Sie täglich, ob der Nachschub störungsfrei funktioniert.

Haltung in Käfig oder Voliere

In Volieren lassen sich Obst und Grünfutter ebenso in den umgebenden Maschendraht klemmen oder – etwa Apfelstückchen – einfach auf eine dünne Astgabel spießen. Wenn Sie in der Voliere mehrere Vögel halten, müssen Sie eine ausreichende Zahl von Futter- und Wassergefäßen an den richtigen Stellen anbringen.

Diese Futternäpfchen aus Kunststoff gibt es in verschiedenen Farben. Sie eignen sich als Futter- und auch als Wassergefäße.

Fast alle Vögel baden gern und oft. Auch Kanarienvögel – mit einigen Ausnahmen. Zum Baden gibt es die sogenannten Badehäuschen, die nur auf einer Seite offen sind, was verhindert, daß bei der oft stürmischen Plantscherei das Wasser in alle Richtungen spritzt. Dies ist vor allem bei Käfigen und Volieren im Zimmer von Vorteil. Wenn es Ihnen allerdings nichts ausmacht, daß die Möbel feucht werden, können Sie den Kanarienvogel auch in einem flachen Blumenuntersetzer oder einem ähnlichen Gefäß baden lassen. Bitte beachten Sie jedoch: Der Boden des Gefäßes sollte nicht zu glatt sein und das Wasser darin nur so hoch stehen, daß es dem Vogel gerade bis zum Bauchgefieder reicht. Ein Kanarienvogel ist ja keine Ente. Er kann nicht schwimmen und liebt deshalb seichte Pfützen zum Baden. Und er möchte beim Planschen mit den Füßen festen Halt finden. Rutscht er immer wieder aus, so wird er unsicher und ängstlich. Achten Sie also bitte darauf, daß sein Badewännchen einen rauhen Boden hat. Auch ein Stück Schaumstoff als Bodenauflage gibt Halt.

Schließlich sind als Käfig- oder Volieren-Zubehör noch Sepiaschale, Halter für Kalksteine und Raufen für Grünfutter zu nennen. Ein Wort noch zu den Lichtverhältnissen. Wenn Käfig oder Zimmervoliere so gestellt werden können, daß durch ein Südfenster helles Tageslicht einfällt, so ist dies sicher die günstigste Lösung; natürlich sollten Käfig oder Voliere nicht längerer direkter Sonneneinstrahlung ausgesetzt sein. Fehlt in einem Raum dagegen ausreichendes Tageslicht, so muß es durch Kunstlicht ersetzt werden. Noch besser als Glühbirnen oder die üblichen Leuchtstoffröhren eignen sich True-Lite-Duro-Test-Röhren. Sie geben neben der Helligkeit auch ultraviolette und infrarote Strahlen ab, die für die Gesundheit der Vögel sehr wichtig sind. Diese Röhren sind mit 20, 30, 40 oder 65 Watt und in verschiedenen Längen im Fachhandel erhältlich. Der etwas höhere Preis macht sich auf jeden Fall bezahlt.

Pflegearbeiten

Sie selbst würden von keinem schmutzigen Teller essen. Muten Sie auch Ihrem Kanarienvogel nicht zu, aus einem verdreckten Napf zu fressen. Sauberkeit in Käfigen und Volieren, in Freß- und Wassergefäßen ist eines der obersten Gebote der Vogelhaltung. Reinigen Sie die Gefäße *vor* der Fütterung und Tränkung. Das Trinkwasser sollten Sie immer dann sofort erneuern, wenn es durch Futterreste oder Kot verschmutzt ist, mindestens aber zweimal am Tag. Hier eine Übersicht der Pflegearbeiten und ihrer Häufigkeit:

Haltung in Käfig oder Voliere

Täglich
Frisches Futter – frisches Trinkwasser – frisches Badewasser – Trinknäpfchen und -röhrchen gut auswaschen – herumliegende Futterreste entfernen – Käfigboden säubern. Zu den täglichen Pflichten gehört weiter, zu prüfen, ob Wasser- und Futterröhrchen in Ordnung sind und noch fest sitzen, ob die Käfigtüren sicher schließen, ob sich nirgends schimmelnde oder faulende Futterreste in Spalten und Ritzen festgesetzt haben; beobachten, ob der Vogel unnatürliches Verhalten, Krankheitszeichen (→ Seite 44) oder Verletzungen zeigt.

Wöchentlich
Käfig oder Voliere säubern, Sitzstangen und Äste inbegriffen – Futter-, Trink- und Badegefäße gründlich säubern – Sand erneuern – Volierenboden gründlich säubern, Naturboden durchharken, Steinplatten oder ähnliches abwaschen.

Monatlich
Vögel auf Ungeziefer hin beobachten (häufiges Kratzen?) – Zehennägel ansehen, ob Überwachstum – Volieren auf undichte Stellen hin überprüfen.

Vierteljährlich
Käfig, Voliere, Zubehör desinfizieren (mit Sagrotan) – Naturäste und -zweige gegen neue austauschen – Naturboden in Gartenvolieren umgraben.

Der Kanari in Gesellschaft anderer Vögel

Vielleicht soll Ihr neuerstandener Kanarienvogel in eine Zimmer- oder Freivoliere, in der schon andere Vögel leben. Prinzipiell können Kanarien mit einer ganzen Reihe von Vogelarten vergesellschaftet werden, ohne daß es dabei große Probleme gibt, am besten natürlich mit anderen kleinen Körnerfressern. Die Vergesellschaftung ist möglich mit dem Roten Kardinal, dem Sonnenvogel, dem Dreifarbenglanzstar, dem Wellensittich und dem Nymphensittich, dem Rosenköpfchen,

Vogelbadewannen sollten einen rauhen Boden haben, damit der Kanari nicht ausgleitet.

Diamanttäubchen und Senegaltäubchen, der Zwergwachtel sowie allen Prachtfinkenarten und sonstigen Finken- oder Sperlingsarten. Aber ein paar Grundregeln sollten Sie immer beachten, wenn Sie einen neuen Vogel zu einer Gesellschaft von bereits alteingesessenen Vögeln bringen. Die Gefiederten, die schon einige Zeit in Ihrer Voliere leben, sind dort eingewöhnt und kennen sich genau aus. Sie wissen, wo sie Futter und Wasser finden, sie beanspruchen bestimmte Sitz-, Ruhe- und Schlafplätze und sie haben – vor allem, wenn es sich um Paare handelt – ihr angestammtes Revier.
Ein Vogel, der neu hinzukommt, hat von all dem keine Ahnung. Die ganze Umgebung samt den Mitbewohnern ist ihm fremd. Er ist

Haltung in Käfig oder Voliere

ängstlich und scheu, muß erst mit den Futterstellen und Tränken vertraut werden und sich seinen Platz suchen. Dazu hat er aber in den meisten Fällen gar keine Gelegenheit, weil die anderen ihn immer wieder aufjagen und herumscheuchen, sobald er in ihr Revier kommt oder sich auf einem Platz niederlassen möchte, der einem anderen gehört. In freier Natur wäre ein solches Verjagtwerden nicht weiter tragisch. Der Vogel kann weit genug fliehen und findet irgendwann und irgendwo seinen Platz.

In einer begrenzten Voliere aber kann er nicht entfliehen. Er wird so lange tätlich angegriffen oder gejagt, bis er sich erschöpft in den hintersten Winkel auf den Boden kauert. Es ist kaum zu glauben, wie schnell ein sonst friedlicher Vogel einen anderen, der ihm nicht paßt, umbringen kann. Er muß ihn gar nicht aktiv mit Schnabel, Flügeln und Beinen angreifen, er kann ihn »nur« ständig so bedrohen und damit einschüchtern, daß sich der Neuling nicht zum Futter traut und nach ein paar Tagen vor Erschöpfung und Hunger eingeht.

Sie dürfen also nicht mitten in eine alteingesessene Vogelgemeinschaft hinein einen Neuen setzen und erwarten, daß das schon gutgeht. Besonders gefährlich ist ein solcher Versuch in der Paarungszeit, wenn bereits ein Kanarienpaar in der Voliere lebt oder auch Paare anderer Arten hier ihr Brutrevier haben. Hundertprozentig sichere Regeln, wie und wann Sie einen neuen Kanarienvogel in eine Gemeinschaftsvoliere bringen können, gibt es nicht. Aber es gibt Vorsichtsmaßnahmen:

● Sie können den Neuen zunächst in einen kleinen Käfig setzen und diesen einige Tage in die Voliere stellen. Von diesem sicheren Plätzchen aus hat der Vogel die Möglichkeit, allmählich die fremde Umgebung kennenzulernen; die anderen wiederum können sich an ihn gewöhnen, ohne an ihn heranzukommen. Wird er später freigelassen, so »kennt man sich schon« und ist wahrscheinlich nicht mehr sehr aggressiv.

● Oder Sie fangen die alteingesessenen Vögel heraus, bringen sie anderswo unter, lassen den Neuen sich in aller Ruhe einige Tage in der Voliere einleben und bringen dann die übrige Gesellschaft wieder dazu. Sie müssen aber in allen Fällen in den ersten Tagen gut aufpassen, um bei einer Rauferei gleich eingreifen zu können.

Streit unter Vögeln braucht es aber nicht nur dann zu geben, wenn Neu zu Alt kommt. In einer Gemeinschaftsvoliere kann lange Zeit Frieden herrschen, und plötzlich kommt Unruhe auf. Der Anlaß dazu ist meist, daß sich ein Paar zusammengetan hat und nun sein Brutrevier zu verteidigen beginnt. Wollen Sie bei Ihrer Vogelhaltung die Mitbewohner eines solchen Paares in einem Gemeinschaftskäfig nicht gefährden und die mögliche Brut schützen, dann müssen Sie dem Paar den Käfig oder die Voliere allein überlassen – Sie müssen den Rest der Vögel herausfangen. Ist die Brutzeit vorbei und sind eventuelle Junge selbständig geworden, können Sie die Gesellschaft wieder vereinen.

Der Vogel in seinem neuen Zuhause

Der Heimtransport

Wenn Sie mit sich, dem Vogel und dem Verkäufer einig geworden sind, so wird Ihnen Ihr künftiger Hausgenosse in einer kleinen Pappschachtel mit Luftlöchern – das ist die übliche Transportverpackung – mitgegeben. Lassen Sie sich den Vogel keinesfalls in einer Plastik- oder Papiertüte in die Hand drücken. In einem Plastikbeutel erstickt oder überhitzt er, aus einer Papiertüte kann er entkommen oder er kann darin erdrückt werden. Und nun machen Sie sich behutsam auf den Heimweg.

Grundregeln für die Eingewöhnung

Die ersten Stunden und Tage daheim

Kommen Sie mit Ihrem Kanarienvogel nach Hause, so sollte hier schon alles für seine Unterbringung vorbereitet sein: Käfig (→ Seite 17) oder Voliere (→ Seite 19) müssen vorher fertig eingerichtet sein, Futter und Wasser müssen bereitstehen, denn der Vogel soll so schnell als möglich aus seinem engen und unbequemen Transportbehälter befreit werden können. Sie haben sich auch bestimmt vorher genau den Platz überlegt, an dem der Vogel sein neues Zuhause finden soll. Zum Beispiel nicht neben dem Fernseher oder Radio oder nahe an einem Heizkörper, sondern an einem möglichst ruhigen, aber hellen und zugfreien Ort.

Vögel sind ja vorwiegend Augentiere, sie registrieren alles Neue in ihrer Umgebung sofort. Ganz besonders natürlich eine völlig neue Umgebung, in der sie sich zunächst unsicher und bedroht fühlen. Wenn Sie im Käfig oder in der Voliere noch herumhantieren müssen, verängstigen Sie den Vogel noch mehr. Unter Umständen werden Sie für ihn dadurch sogar zum Inbegriff des Entsetzens, und dieser erste – schlechte – Eindruck kann baldigen freundschaftlichen Annäherungen zwischen Ihnen und dem Vogel im Wege stehen.

Lassen Sie also nun Ihren Kanarienvogel vorsichtig aus dem Behälter, in dem Sie ihn transportiert haben, in seine neue Behausung überwechseln. Halten Sie die Schachtel an die offene Käfigtür, so daß zwischen Transportbehälter und Käfig kein Spalt entsteht, durch den der Vogel entweichen könnte. Er wird schnell von allein hineinhüpfen, weil er zum Licht will. Haben Sie einen Volierenbewohner nach Hause geholt, stellen Sie den Transportbehälter in die Voliere hinein, öffnen ihn vorsichtig und gehen selbst hinaus. Den Behälter können Sie später herausholen, wenn sich der Vogel etwas eingewöhnt hat. Sind bereits andere Volierenbewohner da, so gelten hier spezielle Eingewöhnungsregeln (→ Seite 24).

Erster Aus-Flug. Von der offenen Käfigtür aus erkundet der Kanari die nähere Umgebung seiner Behausung.

◁ Oben von links nach rechts: Goldachat pastell, Gelb nicht intensiv, Kupferrot intensiv, Orangerot intensiv, Silberbraun nicht intensiv. Unten: Farbschläge aus einer Kreuzung zwischen schwarzem Zeisig und Kanari.

Besonders bei Volieren und erst recht bei Freivolieren ist wichtig, daß Sie den Vogel rechtzeitig – möglichst schon am Morgen oder in den Vormittagsstunden – in seine neue Behausung einsetzen, damit er Zeit hat, sich zu orientieren, bevor es finster wird. Fangen Sie den Vogel nie mit der Hand aus seinem Transportbehälter, es gibt kaum einen Vogel, der gegriffen werden mag, es sei denn, er ist schon sehr an Sie gewöhnt und ausgesprochen handzahm.

Ist Ihr Kanarienvogel in den Käfig oder die Voliere hineingehüpft oder -geflogen, schließen Sie langsam die Tür und gehen Sie ein paar Meter zurück. Ihre Neugierde ist zwar begreiflich, aber lassen Sie dem Vogel Zeit, sich in seiner neuen Umgebung zurechtzufinden, ohne daß Sie ihm zu dicht auf den Leib rücken oder ständig um den Käfig herumlaufen. Und bewegen Sie sich langsam. Sie können aus einiger Entfernung leise und beruhigend auf ihn einsprechen, solange er sich noch ängstlich und unruhig zeigt. Schüttelt der Vogel sein Gefieder und putzt sich, so ist das ein Zeichen, daß er sich beruhigt. Geht er ans Futter und frißt, dann sind die ersten Schwierigkeiten bereits überwunden.

In den ersten Tagen der Eingewöhnung empfiehlt es sich in jedem Fall, Ober- und Rückseite des Käfigs mit einem Tuch abzudecken. Das gibt dem Vogel ein gewisses Gefühl der Geborgenheit.

Bei einem schon seit Jahrhunderten domestizierten Heimtier, wie es der Kanarienvogel ist, dauert es meist nicht lange, bis es sich eingewöhnt hat. Nach vierzehn Tagen oder drei Wochen können Sie Ihren Kanarienvogel sogar schon frei im Zimmer fliegen lassen, wenn Sie vorher die Fenster geschlossen haben. Er wird dann, sobald Sie das Türchen öffnen, ganz von selbst herauskommen und auch ganz von allein wieder hineingehen, wenn er hungrig ist. Aber, wie gesagt, warten Sie damit einige Zeit. Der Vogel muß erst mit seinem Käfig vertraut sein und ihn als Ort der Sicherheit und des Futters anerkannt haben.

Die ersten Freiflüge im Zimmer
Wann es etwa so weit ist, daß Sie Ihren Kanarienvogel zum ersten Freiflug im Zimmer aus dem Käfig lassen können, sagte ich schon am Schluß des letzten Absatzes. Daß Sie vorher die Fenster schließen, ist selbstverständlich. Sie müssen aber auch noch andere Vorkehrungen treffen.

Nur ein Vogel, der ab und zu auch außerhalb seines Käfigs fliegen kann, wird gesund und munter bleiben.

Vögel fliegen wie die Motten zum Licht. Wenn Ihr Kanarienvogel seinen ersten Freiflug im Zimmer unternimmt, kann er noch nicht wissen, daß zwischen drinnen und dem hellen Licht draußen ein durchsichtiges hartes Etwas ist. Mit aller Wahrscheinlichkeit knallt er also gegen die Fensterscheibe. Ist

Der Vogel in seinem neuen Zuhause

sein Schwung dabei nicht groß, rutscht er nur an der Scheibe herunter und bleibt leicht verdutzt auf der Fensterbank sitzen. Gelingt es ihm, dies mehrmals zu überstehen, lernt er die zunächst unbekannte Barriere kennen und meiden. War sein Schwung größer, dann holt er sich eine Gehirnerschütterung (warm, dunkel und ruhig setzen!), die nach ein paar Stunden ausheilt, wenn keine Gehirnblutung dazukommt. War sein Schwung sehr groß, dann bricht er sich den Schädel oder das Genick und ist tot.

Deshalb beim Hantieren am Käfig oder in der Zimmervoliere, beim Herauslassen der Vögel zum Zimmerfreiflug, wenn Sie kranke oder verletzte Vögel behandeln oder bei anderen Gelegenheiten, bei denen Ihnen ein Vogel entwischen könnte: Vorhänge zuziehen, Jalousien herunterlassen, Decken vor die Fenster hängen!

Es empfiehlt sich, in einer Vogelstube innen vor die Fenster einen Rahmen mit Fliegengaze einzupassen. Dann können Sie jederzeit lüften, auch wenn der Vogel nicht in seinem Käfig sitzt.

Welche Gefahren dem Vogel bei seinem Zimmerfreiflug sonst noch drohen, finden Sie auf den Seiten 31 und 32. Auf jeden Fall sollte der Vogel vernünftige Sitzgelegenheiten auch außerhalb seines Käfigs finden, zum Beispiel Sitzstangen. Diese Lieblingsplätze Ihres Vogels haben auch für Sie Vorteile: Ihr Vogel wird, während er dort sitzt, natürlich auch einmal etwas fallen lassen. Wenn Sie Zeitungspapier oder ähnliches an solche Plätze legen, ist der Schmutz leicht zu entfernen.

Und noch eins: Geben Sie Ihrem Kanarienvogel außerhalb des Käfigs kein Futter und Wasser. Dann kehrt er bei Hunger und Durst von allein in den Käfig zurück.

Gefahren drinnen und draußen

Ein im Zimmer oder im Haus fliegender Kanarienvogel ist eine Freude für den Vogelhalter und seine Familie. Aber auch der Vogel freut sich seiner Bewegungsfreiheit, die er zumindest zeitweise hat. Die Freude verfliegt schnell auf beiden Seiten, wenn sich der Vogel nichtsahnend auf den Toaströster oder eine heiße Herdplatte setzt und sich Füße und Federn verbrennt. Auch ein Heizofen ist solch ein Brennpunkt. Kaum zu glauben und doch geschehen: Ein Kanarienvogel landete auf dem Toaster, pickte nach einer Brotkrume zwischen den Drähten, erhielt einen Stromschlag und war tot.

Heiße oder elektrische Gegenstände sind aber nur eine Art von Vogelfallen.

Auf glatten Gegenständen findet ein Vogelfuß nur schlecht Halt. Fliegt Ihr Kanarienvogel frei im Zimmer, so trifft er überall auf mehr oder weniger glatte Landungsplätze, rutscht aus und landet dann an einem Ort, zu dem er durchaus nicht wollte. Zum Beispiel im Spalt zwischen Schrank- und Zimmerwand. Da hängt er dann wie ein Bergsteiger in der Gletscherspalte. Bleibt nur zu hoffen, daß Sie ihn rechtzeitig finden.

Eine gefüllte Blumenvase ist ein schöner Zimmerschmuck. Entfernt man die Blumen, die verwelkt sind, läßt aber die Vase mit dem Wasser stehen, kann der Vogel auf der Vase landen, um zu trinken, fällt hinein und ertrinkt.

Ein Vogelzimmer sollte möglichst frei von solchen Gefahrenquellen sein. Je weniger Möbel, um so besser. Das hat auch den Vorteil, daß es sich besser sauberhalten läßt. Ist ein Kanarienvogel sehr zahm und anhänglich, bemüht er sich ständig, in der Nähe seines Pflegers zu bleiben. Dann müssen Sie

Der Vogel in seinem neuen Zuhause

beim Betreten und Verlassen des Zimmers doppelte Vorsicht walten lassen, sonst quetschen Sie ihn beim Schließen der Tür ein oder ertreten ihn gar. Oder Sie setzen sich auf ihn, wenn er gerade das Sofa nach Frühstücksresten absucht.

Ich hielt einmal eine zahme Kohlmeise, die sich als Lieblingsschlafplatz den Hutständer in der Garderobe erkoren hatte. Da saß sie abends wie ein aufgeplustertes Federbällchen, den Kopf unter den Flügeln und schlief den Schlaf des Gerechten. Bis eines Abends ein Besucher kam, der schwungvoll seinen Hut dorthin beförderte, bevor ich es abwehren konnte. Die Meise wurde recht unsanft aus ihrem Schlaf gerissen.

Sagen Sie also Ihrem Besuch rechtzeitig, daß sich ein kleiner freifliegender Vogel in der Wohnung befindet. Manch einer erschrickt nämlich auch nicht schlecht, wenn ihn unvermutet etwas anflattert und reagiert dann mit einer für den Vogel nicht immer angenehmen Abwehrbewegung.

Wenn Sie Ihren Kanarienvogel besser kennen, werden Sie wissen, ob er auf Fremdes schreckhaft reagiert. Manchmal verursacht ein ihm unbekannter Mensch, zumal, wenn er sehr hell oder bunt gekleidet ist, ein fremdes Tier oder auch nur ein neuer Regenschirm eine kleine Panik. Der Vogel flattert dann wie irr in seinem Käfig herum. Decken Sie in solchen Situationen den Käfig mit einem leichten Tuch zu, damit sich der Vogel wieder beruhigen kann.

Ein Zimmer birgt für einen Vogel in der Regel mehr Fallen und Möglichkeiten zu Unfällen, als eine Zimmer- oder Freivoliere. Draußen sind es die auf Seite 20 erwähnten Tiere, die den Vögeln schaden können. Aber auch rostige spitze Drahtteile, herausstehende Nägel, verrostete und gebrochene Maschendrähte können zu Mordwerkzeugen werden. Kontrollieren Sie mindestens zweimal jährlich Käfige und Volieren ringsum. Der Zahn der Zeit nagt meist an Stellen, an denen man ihn nicht vermutet. Bindedrähte, die die einzelnen Voliereteile zusammenhalten sollen, rosten durch, Balken werden faul, auf dem überdachten Teil der Voliere sammelt sich Laub und Schmutz. Eines Tages kracht alles zusammen. Frost läßt das Fundament abplatzen und gewährt Ratten und Mäusen ungehindert Zutritt. Oder ein in der Nähe stehender Baum kann morsch sein oder bei einem schweren Sturm Äste gelassen haben, und eines schönen Morgens kommen Sie hinaus und finden nur mehr die Trümmer Ihrer Voliere. Die Vögel sind erschlagen oder auf und davon.

Im Winter kommt noch eine andere Gefahr hinzu: Schwere Schneelast kann sich auf dem Volierendach ansammeln und es besteht Einsturzgefahr. Bringen Sie deshalb rechtzeitig zusätzliche Stützpfosten an.

Ich habe Ihnen zum Abschluß dieses wichtigen Kapitels einen kleinen Gefahrenkatalog zusammengestellt, der aber beileibe nicht alle Gefahren beinhaltet. Es gibt immer mehr, als man denkt.

Der Vogel in seinem neuen Zuhause

Gefahrenquelle	Auswirkung	Gefahrenquelle	Auswirkung
Zugluft beim Lüften, offene Türen und Fenster	Erkältungen	*Hohe Gefäße, Gläser, Krüge, Vasen, Töpfe, Eimer mit Wasser*	Hineinrutschen, Ertrinken
Offene Schubläden, Schränke	Gefahr des Einschließens und Erstickens	*Gefüllte Waschbecken, Wannen*	Ertrinken
Küchendünste	Erkrankung innerer Organe	*Gestricktes und Gehäkeltes*	Verfangen mit den Krallen, Erhängen
Heiße Töpfe, Schüsseln mit heißem Inhalt	Verbrennungen, Gefahr des Verbrühens und Ertrinkens	*Wolle, dünner Bindfaden u. ä.*	Erdrosseln durch Schlingenbildung
Reste von Putzmitteln und Chemikalien	Vergiftungen!	*Spalten* zwischen Wand und Möbelstücken (Schränken, Borden, Truhen u. ä.)	Abrutschen, Einklemmen
Offenes WC	Abrutschen, Ertrinken	*Harter Fußboden*	bei nicht voll flugfähigen Vögeln, die hart aufprallen: Beinbrüche, Brustquetschungen
Kerzenlicht	Verbrennungen		
Fensterscheiben, Glasscheiben und Glaswände	Gehirnerschütterung, Schädel- oder Genickbruch	*Ungeeignete Maschenweite bei Volieren, Draht- und Gitterabstände bei Käfigen und Volieren*	Durchstecken des Kopfes, Erdrosseln, Verklemmen bei Freivolieren Eindringen von Ratten und Mäusen, Mardern, Wieseln, Eulen, Katzen, Hunden
Türen	Einklemmen		
Offene Fenster, offene Türen	Entkommen		
Herd, Heizofen, Toaster und ähnliche elektr. Geräte	Verbrennungen	*Zu dünner, scharfer Draht*	Zehen- und Kopfverletzungen
Elektrische Kabel, Steckdosen	Stromschlag	*Zu dünne Sitzstangen*	Auswachsen der Krallen

Der Vogel in seinem neuen Zuhause

Gefahrenquelle	Auswirkung
Verrosteter Draht, Löcher	Entkommen
Offene Rohre, Röhren u. ä.	Abrutschen, Ersticken, Verklemmen.
Scharfe Drahtenden, Nägel; Holzsplitter	Verletzungen, Stichwunden
Ungenügend befestigte Sitzstangen	Erschlagen, Brüche
Schneelast auf Freivolierendach	Einsturz, Erschlagen
Menschenfuß	Zertreten

Nicht zu vergessen natürlich die Gefahren, denen Ihr Kanarienvogel durch Entfliegen oder durch das Zusammenkommen mit anderen Haustieren (Hund, Katze) ausgesetzt ist.

Vogelfalle Fensterscheibe. Wenn der Kanari gegen die ungeschützte Fensterscheibe fliegt, kann er sich Köpfchen oder Genick brechen.

Vorsicht vor anderen Haustieren

Ein Vogel, besonders ein kleiner, hat nicht nur eine angeborene Angst vor größeren Vögeln, sondern vor fast allem, was einen Pelz trägt. Mit Recht, denn Pelzträger wie Katzen, Füchse, Marder, Wiesel und viele andere sind die natürlichen Feinde der kleinen Vögel. Und der Kanarienvogel kann nicht wissen oder unterscheiden, ob Ihr Hund vielleicht gut dressiert und erzogen ist und sich nicht um ihn kümmert. Zunächst hat er einfach Angst vor ihm. Zwar ist den Kanarienvögeln im Laufe ihrer Domestikation ein guter Teil dieser angeborenen Scheu abgezüchtet worden, aber so völlig instinktlos sind sie nun doch noch nicht.

Lassen Sie also den Hund nicht gleich, kaum daß der neue Kanarienvogel in seinem Käfig sitzt, ganz dicht heran und die Sache beschnuppern. Dann trifft den Vogel fast der Schlag. Vertrauen Sie auch nicht den in manchen Tierschutzzeitschriften immer wieder zu findenden rührenden Fotos, die einen Kanarienvogel oder einen Wellensittich auf dem Kopf einer Katze sitzend zeigen. Zwar mag in ganz seltenen Fällen ein solcher Friede zwischen Vogel und Raubtier bestehen, bedingt durch eine lange Gewöhnung aneinander und durch richtiges Verhalten des Pflegers. Sie können aber niemals sicher sein, daß diese »Freundschaft« sich in allen Situationen bewährt oder daß Katze und Hund sich immer beherrschen können. Es sind nun einmal Jäger, die von flatternder, hüpfender oder irgendwie in die Enge getriebener Beute wie elektrisiert angezogen werden.

Der ruhig in seinem Käfig hin und her hüpfende Kanari mag eine Katze nach einiger Zeit des Gewöhnens tatsächlich nicht

Der Vogel in seinem neuen Zuhause

mehr interessieren. Flattert er aber plötzlich frei im Zimmer und ihr womöglich vor die Nase, dann wird der Fangtrieb ausgelöst, die Katze langt zu und der Vogel ist hinüber. Behalten Sie also Ihren neuen Hausgenossen mitsamt den alteingesessenen vor allem die erste Zeit immer im Auge. Geben Sie den Tieren Gelegenheit, sich langsam und aus sicherem Abstand kennenzulernen, und lassen Sie sie niemals frei und ohne Ihre oder eine andere Aufsicht zusammen in einem Raum. Nicht nur Hund und Katze können einem Kanarienvogel gefährlich werden. Auch bei Kaninchen, Hamstern oder Streifenhörnchen ist Vorsicht geboten. Wieso, fragen Sie vielleicht, diese Tiere sind doch bekanntlich wenig erpicht auf fleischliche Kost? Nun, sie würden einen Vogel auch nicht töten, um ihn zu fressen. Sie können aber über ihn herfallen, weil er plötzlich als Fremdling in ihrem angestammten Revier auftaucht. Ich habe einmal erlebt, daß ein Hauskaninchenbock fast eine Dohle umgebracht hätte, die ich zu ihm – der den unteren Teil einer größeren Voliere bewohnte – hineinsetzte. Ich war der Meinung, sie würde oben auf ihren Stangen bleiben. Da blieb sie auch eine Weile, flog dann aber auf den Boden, und so schnell, wie der Bock über sie herfiel und sie mit Zähnen und Pfoten bearbeitete, konnte ich kaum reagieren.

Nehmen wir einmal an, Ihr Hund und der Kanarienvogel mögen sich wirklich. Sie sind befreundet. Freundschaft unter Tieren gibt es durchaus. Da bestehen aber trotzdem Gefahrenmomente. Hund und Vogel haben ja völlig unterschiedliche Verhaltensweisen. Wenn ein Hund zum Spielen auffordert, tapst er zum Beispiel mit der Pfote nach dem Spielkameraden. Zwischen Mensch und Hund oder unter Hunden ist dies ein verständliches Signal, auch wenn einer dem anderen dabei auf den Kopf tatzt, nimmt der das nicht übel. Lassen Sie aber Ihren Hund – es braucht gar nicht gleich ein Bernhardiner zu sein – in durchaus freundschaftlicher Absicht dem Kanarienvogel auf den Kopf tatzen, so bleibt vom Vogel nicht viel übrig. Haben Sie bereits einen Hund und der Kanarienvogel kommt später dazu, dann wird der Hund eifersüchtig, weil Sie sich natürlich viel um den Neuen kümmern. Schüren Sie seine Eifersucht nicht, indem Sie ihm vorflöten, »ei das liebe Vögelein, ei was ist das für ein liebes Kerlchen«, sondern sagen Sie bestimmt und für den Hund unmißverständlich »Pfui«, »aus« oder was immer Sie für einen Befehl mit der Bedeutung »das ist nichts für dich« verwenden, sobald er auch nur die geringsten Anstalten macht, auf den Vogel loszugehen. Der Vogel muß für den Hund genauso tabu werden wie Ihr bestes Sofakissen.

Kleine Säuger und Katzen lassen sich nicht so erziehen wie Hunde. Hier ist Ihre Vorsicht und Voraussicht noch wichtiger, um Unglücksfälle zu vermeiden.

Entflogen – hinaus ins feindliche Leben

Als ich eines Herbsttages aus meinem Haus in den Garten kam, saß da ein orangeroter Kanarienvogel auf der Erde und piepste mich an. Ich ging zurück, holte meinen Kescher und – schwupp, da hatte ich ihn. Daß ich es war, der ihn fing und nicht die Nachbarskatze, ein Turmfalk oder ein Wiesel, war purer Zufall. Auch, daß der Vogel sich so einfach fangen ließ und nicht wegflog. Die Zahl der entflogenen oder verunglückten Kanarienvögel ist nämlich beeindruckend hoch.

Der Vogel in seinem neuen Zuhause

Kanarienvögel können etwa zehn Jahre alt werden – wenn sie, wie gesagt, nicht vorher verunglücken oder ihrem Besitzer davonfliegen.
Leider wird man auch hier erst durch Schaden klug und muß einige schlechte Erfahrungen machen, bevor man weiß, wie man seinen Vogel vor Unglücksfällen bewahren kann. Es ist nämlich durchaus ein Unglücksfall, wenn der Kanarienvogel entkommt. Schon seine auffallende Färbung macht ihn für alle geflügelten und vierbeinigen Jäger zur lockenden Beute. Zumindest für all diejenigen, die ihre Beute mit den Augen wahrnehmen. Nicht von ungefähr haben Albinos, also weiße oder auch nur teilweise weiße Tiere, die als anormale Mutationen entstanden sind, in freier Wildbahn kaum lange Überlebenschancen. Einem gelben oder roten Kanarienvogel ergeht es nicht anders. Zudem ist der Vogel nicht mehr gewohnt, sich sein Futter zu suchen. Im Käfig oder in der Voliere steht der volle Futternapf vor seinem Schnabel. Vielleicht kann er sich in den Sommermonaten gerade noch eine Weile draußen durchschlagen. Spätestens im Herbst aber, wenn die Schlechtwetterperiode einsetzt, verhungert er.
Entwischt ein Kanarienvogel durch das offene Fenster oder eine Tür, dann ist er erst einmal völlig verschreckt durch die neue unbekannte Umgebung. Meist fliegt er nach oben und setzt sich außer Reichweite auf einen Baum. Behalten Sie ihn möglichst im Auge. Wenn Sie Glück haben, bleibt der Vogel in der Nähe. Wenn Sie Pech haben, erschreckt ihn eine Amsel, ein Schwarm Spatzen, ein Windstoß oder sonst etwas, und er ist auf und davon.
Bleibt der Vogel innerhalb der nächsten Stunden in der Nähe, haben Sie eine kleine Chance, ihn wiederzubekommen. Stellen Sie seinen Käfig auf das Fensterbrett, auf den Balkon oder in den Garten. Streuen Sie gut sichtbar Futter darum herum und hinein. Wenn der Vogel Hunger verspürt, kommt er unter Umständen von allein in den Käfig zurück.
Ist der Vogel aus einer Freivoliere entkommen, so sieht die Sache meist etwas anders aus. Die Freivoliere gab dem Vogel Gelegenheit, seine nähere Umgebung kennenzulernen. Fliegt er hinaus, kommt er nicht in eine ihm völlig unbekannte Welt. Fast immer bleibt er in der Nähe und sitzt bald wieder auf dem Dach der Voliere, weil er zurück in das vertraute Revier und zum Futterplatz will. Falls möglich, fangen Sie die übrigen Volierenbewohner heraus und lassen die Türe(n) weit geöffnet. Der Vogel wird von allein wieder hineinkommen.
Ist der entflogene Vogel sehr zahm, fliegt er Ihnen wahrscheinlich auch draußen auf die Hand oder die Schulter. Er wird jedoch immer scheuer sein als in der gewohnten Umgebung. Für alle Fälle sollten Sie stets einen Kescher bereit halten (den man übrigens auch zum Herausfangen aus Volieren braucht), um ihn dem Vogel über den Kopf stülpen zu können. Auch aus der Luft kann man Vögel mit einem Kescher fangen. Dazu braucht man allerdings ein bißchen Übung.

Mit dem Vogel verreisen

Wenn Sie verreisen wollen oder müssen, gibt es zwei Möglichkeiten: Sie nehmen Ihren Kanarienvogel mit oder Sie lassen ihn zu Hause. Vielleicht ist es Ihnen lieber, den Vogel mitzunehmen. Dem Vogel ist es sicher

Diese Flugstudien von Meisterfotograf ▷
Hans Reinhard zeigen einen Harzer Roller
Orange intensiv.

lieber, wenn er zu Hause bleiben kann. Er fühlt sich nämlich dort am wohlsten, wo er sich auskennt und wo ihm die Umgebung vertraut ist. Immerhin sind Kanarienvögel nicht ganz so heikle und scheue Heimvögel wie manche andere Arten. Wenn es sich bei Ihrem Reisebegleiter also um einen einzelgehaltenen Kanarienvogel handelt, der einen Zimmerkäfig als Heim hat, so können Sie ihn in diesem Käfig transportieren, ohne daß es ihm schadet. Decken Sie aber den Käfig ab oder mit einem leichten Tuch gänzlich zu, damit der Vogel unterwegs vor Zugluft geschützt ist. Auch machen Sie dem Vogel bei einer Autofahrt keine Freude, wenn Sie ihm die vorüberflitzende Landschaft zeigen wollen. Das regt ihn bloß auf. Ein dünnes Tuch über dem Bauer läßt in der Regel genügend Licht durch, um dem Vogel das Fressen unterwegs zu ermöglichen. Ruhiger bleibt er, wenn er dunkel sitzt. Dann müssen Sie aber mindestens alle zwei Stunden eine Pause einlegen, die Decke abnehmen und den Vogel in Ruhe fressen und trinken lassen, bevor die Reise weitergeht.
Kommen Sie über eine Grenze, so sind die Zollbeamten normalerweise an anderem als an Kanarienvögeln interessiert und werden kaum fragen, ob Sie einen Vogel dabei haben. Es kann aber – je nach Grenze und Grenzbeamten – doch passieren, daß ein Gesundheitszeugnis verlangt wird. Wollen Sie ganz sicher gehen, daß Sie ohne Schwierigkeiten diese oder jene Grenze passieren dürfen, dann erkundigen Sie sich vorher beim zuständigen Konsulat des Landes, in das Sie Ihren Kanarienvogel einführen wollen. Fragen Sie zusätzlich Ihren Amtstierarzt, der Ihnen auch eine Bescheinigung ausstellt, die besagt, daß der Vogel seuchenfrei ist. Auch die Ordnungsämter müssen

Ihnen über die jeweiligen Bestimmungen Auskunft geben können.
Wenn Sie Ihren Vogel lieber zu Hause lassen möchten, müssen Sie natürlich wissen, wer ihn versorgt. Auf diese Urlaubsvertretung sollen Sie sich ebenso verlassen können wie auf einen Babysitter. Sie müssen ihr die Gewohnheiten Ihres Kanaris mitteilen, seine Fütterungszeiten und Angewohnheiten beim Freiflug im Zimmer. Sollten Sie nur ein bis zwei Tage außer Haus sein, wird der Vogel das auch ohne fremde Hilfe überstehen. Voraussetzung ist allerdings, daß er die Futtermenge für die Zeit Ihrer Abwesenheit ebenso wie die Wassermenge in Futter- und Tränkeautomaten erreichbar und vorrätig hat (→Seite 22).
Es gibt neuerdings auch die Möglichkeit, Vögel während der Urlaubszeit einer Zoofachhandlung anzuvertrauen. Da dieser bemerkenswerte »Service« noch nicht überall praktiziert wird, sollten Sie sich rechtzeitig vor dem Urlaub bei Ihrem Zoofachhändler informieren.
Vögel, die in einer Voliere gehalten werden, sollten Sie nicht auf Reisen mitnehmen. Sie sind weit mehr als Käfigvögel gegen einen Wechsel ihrer Behausung allergisch.
Man kann zwar einen Vogelbauer ins Auto packen, aber keine Voliere samt Inhalt. Und das plötzliche Umsetzen flugraumgewohnter Volierenvögel in einen kleinen Käfig bedeutet in jeder Hinsicht Streß. Es muß also auch in diesem Fall für Urlaubsvertretung gesorgt werden.

◁ Ein Harzer Roller Gelb intensiv – für viele von uns der Inbegriff eines Kanarienvogels.

Die Ernährung des Kanarienvogels

Von Futter und Fütterung

Den meisten Wildtieren können wir in Gefangenschaft nicht das vielseitige Nahrungsangebot zukommen lassen, das ihnen in der freien Natur zur Verfügung steht. Das gilt in ganz besonderem Maße für die Vögel, die allein schon durch ihr Flugvermögen praktisch jede Nahrungsquelle erreichen können. Wer sich jedoch etwas Mühe gibt und den Nahrungsansprüchen seines Kanarienvogels nicht ganz gedankenlos gegenübersteht, wird ihm auch in Käfig und Voliere einen (abwechslungs)reich gedeckten Tisch bieten können. Grundsätzlich gilt:

- Je natürlicher das Futter, desto besser.
- Je abwechslungsreicher das Futter, desto besser.
- Je frischer das Futter, desto besser.

Zahme und im Zimmer frei fliegende Kanarienvögel fressen oft »bei Tisch« mit. In der Regel ist dagegen nichts einzuwenden. Fast nie frißt ein Vogel etwas, das ihm schlecht bekommt. Auch wenn Ihr Vogel einmal ein paar Körner Salz, einen Schnabel voll Butter oder Salatsauce nimmt, müssen Sie nicht gleich mit dem Schlimmsten rechnen. Spezialisiert er sich allerdings auf menschliche Kost, einfach, weil sie ihm schmeckt, so ist doch Vorsicht geboten, denn dies kann dann leicht zu Fettsucht oder Magenverstimmungen führen.

Körner- oder Weichfresser

Kanarienvögel sind in erster Linie Körnerfresser. Das bedeutet aber nicht, daß sie ausschließlich und alle Körner (=Sämereien) fressen. Zu ihrer Nahrung gehören ebenfalls Keimfutter, frischer Salat, Vogelmiere, Obststücken, dazu auch junge Knospen und frische Triebe von Obstbäumen. Sepiaschale zur Deckung des Kalkbedarfs darf nicht fehlen. Und natürlich muß Trinkwasser – getrennt vom Badewasser – vorhanden sein.

Das Hauptfutter

Immerhin soll das Hauptfutter aus einer Mischung kleiner Sämereien zusammengesetzt sein, die etwa folgendermaßen aussieht: 40% Negersaat, 25% Glanz, 10% Sommerrübsen, 10% geschälter Hafer, 5% Hanf, 2% Mohn, 2% Weizen, 2% Salatsamen, 2% Senegalhirse und 2% Leinsamen. Diese Futtermischung muß aus reifen, trockenen und sauberen Samen bestehen. Um es gleich vorweg zu sagen: Jeder Kanarienvogel hat seinen individuellen Geschmack und seine Vorliebe für die eine oder andere Samensorte. Und was er mag, hängt wohl auch etwas davon ab, was er gewohnt war zu bekommen, bevor Sie ihn mit nach Hause nahmen. Zumindest in einer Voliere ist es möglich, die einzelnen Samensorten in kleinen Gefäßen getrennt anzubieten. Sie können damit vermeiden, daß aus einer Futtermischung die eine oder andere Sorte nie genommen wird, weil sie nicht nach des Vogels Geschmack ist, was Ihnen aber in dem Durcheinander von Samen und Hülsen gar nicht auffällt. Sie kippen mit den scheinbar leergefressenen Futterresten auch diese verschmähten Körner in den Abfalleimer. Außerdem wird der Vogel auf der Suche nach den Samen, die ihm schmecken, mit seinem Schnabel im Futternapf herumwühlen. Dabei fällt die Hälfte des Inhalts auf den Käfigboden und kommt dort mit Kot und

Die Ernährung des Kanarienvogels

Abfallresten in Berührung. Bieten Sie die einzelnen Körnersorten dagegen getrennt an, zumindest anfangs, so merken Sie rasch, welche Sorte nie angenommen wird; Sie können es sich sparen, diese künftig zu kaufen. Später können Sie ja dazu übergehen, in einer Zoo- oder Samenhandlung solche Fertigmischungen zu kaufen, denen die vom Vogel verschmähten Sämereien nicht beigemischt sind. Vor allem für den Halter eines einzelnen Kanarienvogels sind Fertigpackungen natürlich bequemer.

Keimfutter

Finkenvögel, also auch unsere Kanarien, nehmen neben den trockenen Sämereien sehr gerne keimende. Solches Keimfutter ist gut und gesund, muß aber mit einiger Sorgfalt hergestellt werden, damit es nicht sauer wird. Je nachdem, ob Sie einen Einzelvogel oder mehrere Vögel haben, nehmen Sie ein kleines oder größeres Plastiksieb, füllen die Tagesration an Futtermischung hinein und hängen es in ein Gefäß mit Wasser, und zwar so, daß die Samen vom Wasser bedeckt sind. Nach zwölf Stunden nehmen Sie das Sieb heraus und spülen die Samen mit kaltem sauberem Wasser durch. Dann hängen Sie das Sieb abermals in das mit frischem Wasser gefüllte Gefäß. Nach weiteren zwölf Stunden nochmals durchspülen. Anschließend hängen Sie das Sieb zum dritten Mal in den Wassertopf. Aber diesmal müssen die Samen über dem Wasser bleiben und – weil Sie jetzt auch den Topf noch mit einem Teller abdecken – nur in feuchter Luft hängen. Etwa nach vierundzwanzig Stunden beginnen die Samen zu keimen. Sie nehmen das Sieb heraus, spülen ein drittes Mal mit kaltem Wasser durch, setzen das Sieb auf ein Frotteetuch, das die restliche Feuchtigkeit heraussaugt, und können das Futter dann den Vögeln in flachen Schalen anbieten. Flache Schalen sind besonders wichtig, weil dieses Keimfutter leicht säuert oder schimmelt, wenn es in einer zu dicken Lage bleibt. Achten Sie auf alle Fälle darauf, daß Keimfutter nie muffig oder faulig riecht und keine Schimmelbildung zeigt. Sie sollten Ihrem Kanarienvogel ab und zu so ein vitaminreiches Keimfutter geben.

Obst und frisches Grün

Was Sie Ihrem Pflegling aber neben dem Hauptfutter immer und vor allem regelmäßig bieten müssen, ist frisches Grün und/oder zumindest Obst. Von frischem Grün werden am liebsten Vogelmiere, Salat oder Spinat und Löwenzahnblätter angenommen. Wenn Sie Grünfutter in freier Natur sammeln, ist Vorsicht geboten: Insekten- und Unkrautvernichtungsmittel können daran haften und Ihren Vogel umbringen. Nehmen Sie Grünfutter also möglichst nur aus Ihrem oder einem anderen Garten, von dem Sie genau wissen, daß keine Spritzmittel verwendet wurden. Waschen und trocknen Sie auch gekauften Salat und Spinat gründlich, ebenso Obst, bevor Sie es verfüttern. Machen Sie aber nicht den Fehler, von diesem Beifutter zu große Mengen zu geben, das führt leicht zu Durchfall. Obst ist (gerade im Winter) ein guter Ersatz für Grünfutter. Auch junge Knospen und frische Triebe von Obst- und Laubbäumen sind bei Kanarienvögeln sehr beliebt.

Die Ernährung des Kanarienvogels

Weich- und Aufzuchtfutter

Neben dem Körner- und Grünfutter nehmen Kanarienvögel sehr gerne auch Weich- beziehungsweise Aufzuchtfutter an. Sie verfüttern es nicht nur an ihre Jungen (→Seite 57), falls es zur Brut kommt, sondern fressen es das ganze Jahr über auch mit Vorliebe selbst. Besonders vor und während der Mauser kann Ihr Vogel dieses eiweißreiche Aufbaufutter notwendig gebrauchen.
Solches Weich- und Aufzuchtfutter bekommen Sie im Fachhandel (Zoohandlung) fertig zu kaufen. Es empfiehlt sich, dieses Zusatzfutter nicht unter das Körnerfutter zu mischen, sondern es in einem separaten Schälchen anzubieten.

Vitamine, Mineralstoffe und Spurenelemente

Vögel, die ganzjährig oder doch den größten Teil des Jahres neben der Samenkost mit Grünfutter, Obst, Keim- und Weichfutter versorgt werden, nehmen damit die für sie notwendigen Vitamine, Mineralstoffe und Spurenelemente auf. Immerhin kann ein Zusatz von ebenfalls im Fachhandel erhältlichen Vitaminpräparaten von Zeit zu Zeit nicht schaden. Überschüssige Vitamine werden ja ohnehin vom Körper ausgeschieden. Vitaminpräparate sollen im Gegensatz zu den vorher genannten Beifutterarten dem trockenen Körnerfutter untergemengt oder dem Trinkwasser zugesetzt werden. Fehlende Mineralstoffe und Spurenelemente können durch Vitakalk, zerstoßene Schalen von Hühnereiern (die, falls nicht gekocht, vorher auf dem Herd oder im Backofen erhitzt werden sollen, um Krankheitsübertragungen von Hühnern zu vermeiden) oder durch die fast rein kalkhaltigen Schalen vom Tintenfisch (Sepia) zugeführt werden.

Die tägliche Futtermenge

Grundsätzlich kann man sagen, daß ein Kleinvogel täglich ein Drittel seines Körpergewichts an Nahrung benötigt und zweimal am Tag frisches Futter bekommen muß. Aufs Gramm genau kann ich Ihnen aber nicht angeben, wieviel Futter Ihr Kanarienvogel speziell braucht. Das ist eine Sache des Ausprobierens, denn die Futtermenge ist von vielen Umständen abhängig. Von kalorienreichem Futter frißt er weniger, von kalorienarmem mehr. Ein Vogel, der in einem kleinen Käfig fast nur herumsitzt, braucht weniger als ein Vogel, der in einer großen Voliere viel Bewegung hat, der Eier legt, brütet und Junge aufzieht, also etwas leistet. Und auch ein Vogel, der in einer Freivoliere jedem Wetterumschwung ausgesetzt ist, braucht mehr als einer, der im gleichmäßig warmen Zimmer wohnt.
Beobachten Sie Ihren Kanarienvogel: Ist das am Morgen gereichte Futter schon innerhalb

So trinkt der Kanari: Erst schöpft er mit dem Schnabel Wasser, dann hebt er den Kopf und läßt es in die Kehle laufen.

Die Ernährung des Kanarienvogels

kurzer Zeit aufgefressen und sucht der Vogel bald darauf ausdauernd und unruhig nach mehr, dann hat er – bis zur Spätnachmittag- oder Abendfütterung – zu wenig bekommen. Ist jedoch bis zur zweiten Fütterung von der ersten noch etwas übrig, dann war es zuviel. Wenn Ihr Pflegling aber plötzlich das Doppelte oder nur die Hälfte seiner üblichen Portion frißt, braucht er noch nicht gleich krank zu sein. Für Krankheiten sprechen andere Zeichen eine deutlichere Sprache (→Seite 44). Kein Vogel frißt jahraus, jahrein gleich viel. Einige mögliche Gründe dafür – Brut, Aufzucht der Jungen – habe ich bereits genannt. Auch während der Mauser (→Seite 48), wenn also das Federkleid erneuert wird, kann sich verstärkter Appetit einstellen, und Sie müssen dann sowieso besonders gut und abwechslungsreich füttern, was ja in den Sommermonaten – der Mauserzeit – nicht weiter schwierig ist.

Wasser zum Trinken und zum Baden

Neben der Nahrung braucht der Vogel natürlich Wasser. Chlorhaltiges Trinkwasser frisch aus der Leitung sollten Sie ihm nicht anbieten, sondern es erst ein paar Stunden abstehen lassen. Noch besser ist Abkochen. In den speziellen Trinkröhrchen (→Seite 22), die auch einen Wasservorrat für mehrere Tage fassen können, lassen Sie bitte das Wasser nicht stehen, bis es Algen bildet, sondern geben Sie täglich frisches Trinkwasser. Nur im Notfall, zum Beispiel wenn Sie für zwei Tage verreisen, füllen Sie für länger auf. Wasser in Trinkschälchen sollten Sie immer dann erneuern, wenn es durch Futterreste oder Kot verschmutzt ist, mindestens aber zweimal am Tag. Das Badewasser muß auf alle Fälle ein anderes sein als das Trinkwasser, das heißt, Trink- und Badewasser werden in getrennten Behältern angeboten. Zwar können Sie Ihren Vogel nicht daran hindern, daß er gelegentlich auch aus dem Badegefäß trinkt, in der Regel wird ihm aber das saubere Trinkwasser lieber sein. Wechseln Sie trotzdem auch das Badewasser täglich. Doch sollte es etwas abgestanden sein und Zimmertemperatur haben.
(Gefäße für Futter, Trink- und Badewasser →Seite 22ff.)

Ist der Vogel zu mager oder zu fett?

In der Regel ist ein freilebender Vogel – außerhalb der Brutzeit – mit drei Dingen beschäftigt: Er schläft, er pflegt sein Gefieder, und er ist auf Nahrungssuche. Sein Stoffwechsel ist sehr rege, er verbraucht viel Energie und muß sich entsprechend viel Kraftreserven durch Nahrung wieder zuführen. Energieverlust über längere Zeit kann er sich nicht leisten, denn wenn er schwach würde, fiele er zu leicht seinen Feinden zum Opfer, seinen Rivalen oder auch der schlechten Witterung.
Ein freilebender Vogel muß unter mehr oder weniger großen Schwierigkeiten und meist beträchtlichem Zeitaufwand seine Nahrung suchen. Und er muß sich viel dabei bewegen. In Gefangenschaft fällt ein großer Teil der Bewegung fort, weil es im Käfig von der Sitzstange zum Futternapf nur ein Hüpfer ist. Selbst in einer Voliere braucht sich ein Vogel nicht besonders anzustrengen, um zur Nahrungsquelle zu gelangen.
Fazit: Ein Kanarienvogel in Gefangenschaft wird leicht zu fett. Einmal durch den beschriebenen Mangel an Bewegung, zum

Die Ernährung des Kanarienvogels

anderen durch falsche oder zu einseitige Ernährung. Füttern Sie also Ihren Kanarienvogel mäßig aber regelmäßig, und geben Sie ihm möglichst oft Gelegenheit zum Freiflug. Wie stellt man nun fest, ob der Vogel zu dick oder zu dünn ist? Das ist gar nicht so einfach wie beispielsweise bei einem Hund. Ein Dackel, der so breit wie hoch ist, gilt eindeutig als zu fett. Zeichnen sich dagegen sämtliche Rippen ab, ist er zu mager. Bei einem Vogel sehen Sie weder Rippen noch andere Knochen, weil die Federn wie ein dicker Mantel alles verdecken. Sie müssen den Vogel in diesem Fall in die eine Hand

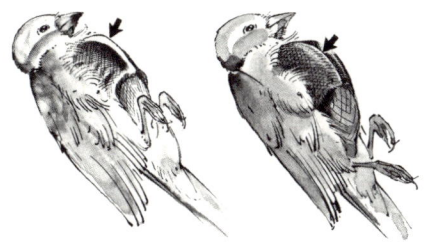

An der Bauchseite können Sie feststellen, ob Ihr Kanari richtig ernährt ist. Links: zu mager – der Brustbeinkamm tritt scharf hervor. Rechts: zu fett – das Brustbein verschwindet fast zwischen der Brustmuskulatur.

nehmen, um kontrollieren zu können, ob er zu fett ist oder nicht. Dann betasten Sie mit der anderen Hand seine Brust und sein Brustbein. Wenn ich sage »Brust«, meine ich die Flugmuskulatur. Und mit Brustbein meine ich den Brustbeinkamm. An diesem sitzt die Brustmuskulatur. Ist sie eingefallen und tritt der Brustbeinkamm in der Mitte stark hervor, dann ist der Vogel zu mager. Können Sie den Kamm nicht ertasten und wölbt sich die Muskulatur prall vor, ist der Vogel zu fett (siehe Zeichnung oben). Das läßt sich jedoch schwerer

feststellen als die Tatsache, daß er zu mager ist. Beruht die Magerkeit eines Vogels nicht auf einer Krankheit, muß er mehr und abwechslungsreicheres Futter bekommen. Bei Fettsucht sollten Sie fetthaltige Körner wie Sonnenblumenkerne und Hanfkörner weglassen und dafür viel Obst und Grünnahrung geben. Setzen Sie aber Ihren Kanarienvogel bitte niemals auf eine radikale Fastenkur nach dem Motto: Ein Hungertag pro Woche bringt den Speck schon weg. Das würde Ihr Vogel wahrscheinlich nicht ohne Schaden überstehen.

Wenn der Kanari krank ist

Anzeichen und erste Maßnahmen

Selten werden Sie in freier Natur einen kranken Vogel entdecken. Dort wird er, sobald er nicht mehr voll lebenstüchtig ist, sehr rasch zur leichten Beute einer seiner vielen Feinde. Das ist das Gesetz der natürlichen Auslese: Nur die Gesunden und Kräftigen überleben. Aus dem, was von dem Vogel übrig bleibt, ein paar Federn und ein paar Knöchelchen, läßt sich zwar erraten, was hier vorgefallen ist, Rückschlüsse auf irgendeine Krankheit können Sie aber nicht mehr ziehen.

In Gefangenschaft läßt sich der Beginn einer Krankheit schnell erkennen, wenn man den Vogel täglich unter Kontrolle hat. Hier gibt es auch keine Feinde, die sich die Schwäche des Vogels zunutze machen könnten. Und bei rechtzeitig begonnener und richtiger Behandlung gelingt es in vielen Fällen – doch leider nicht in allen – den kleinen Patienten zu heilen.

Ich möchte Ihnen aber von Anfang an nahelegen, nicht selbst an Ihrem Kanarienvogel herumzukurieren, wenn Sie nicht sehr viel Erfahrung und Übung im Umgang mit kranken Tieren haben. Sie können dann mehr verderben als heilen. Ziehen Sie möglichst schnell einen Tierarzt zu Rate und befolgen Sie genau seine Anweisungen.

Ein kranker Vogel sitzt still und aufgeplustert da (siehe Zeichnung), hält die Augen geschlossen und atmet meist schwer. Seine Umgebung interessiert ihn kaum oder gar nicht. Oft ist die Kloake verschmutzt, das Absetzen von Kot bereitet dem Tier Schwierigkeiten. Jegliche Munterkeit ist dahin, der Vogel frißt, trinkt und singt nicht mehr. Meist liegen bei einem derartigen Krankheitsbild Erkrankungen innerer Organe vor. Bei äuße-

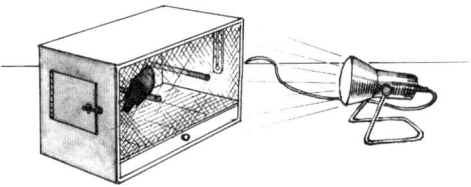

Spezialkäfig für den kranken Kanari mit Thermometer an der Wand. Ein Infrarotstrahler spendet heilende Wärme.

ren Verletzungen wie Flügel- und Beinbrüchen »leidet« ein Vogel in der Regel viel weniger. Man erkennt nur an dem verletzten Glied selbst, daß etwas nicht in Ordnung ist. Lebt der kranke Vogel in einer Voliere mit anderen Vögeln zusammen oder auch allein in einem größeren Käfig, so muß die erste Maßnahme sein, daß Sie ihn herausfangen und in einen kleineren Quarantänekäfig (siehe Zeichnung) setzen. Als nächstes braucht er Wärme. Am besten eignet sich ein Infrarotstrahler, der den Vogel nicht durch grelles Licht irritiert. Aber eine normale Glühbirne (40-Watt-Birne) tut es zur Not auch. Die Temperatur im Käfig sollte 35 bis 40° Celsius betragen, nicht darüber. Schützen Sie den Kranken in seinem Käfig vor Zugluft. Aber bedenken Sie dabei, daß sich in einem

Wenn der Kanari krank ist, liegt er mehr als er sitzt auf der Stange und hat die Augen halb geschlossen.

Wenn der Kanari krank ist

nur wenig geöffneten Raum die Luft staut und leicht zu warm wird. Prüfen Sie also mehrmals täglich die Temperatur. Gesundet der Vogel, dann senken Sie allmählich die Temperatur. Und setzen Sie den Genesenden nicht sofort wieder in eine Freivoliere, sonst wird es sicher einen Rückfall geben.

Kleine Vogelapotheke

Für alle Notfälle sollten Sie eine kleine Vogelapotheke im Haus haben. Sie muß zumindest folgendes enthalten:

Wärmelampe (Infrarotstrahler)
Antibiotika gegen bakterielle Infektionen: Aureomycin, Terramycin, notfalls auch Penicillin
Wundpuder und *Wundsalbe* für offene Wunden (Kamasolsalbe, Wundgel)
Blutstillende Eisenchloridwatte
Heftpflaster
Schere und *Pinzette* (stumpf und spitz)
Desinfektionsmittel zum Säubern der Futter-, Trink- und Badegefäße sowie des Käfigs

Krankheiten

Im Rahmen dieses Tier-Ratgebers können nicht alle möglicherweise bei Ihrem Kanarienvogel auftretenden Krankheiten angeführt werden. Ich muß mich auf die häufigsten – alphabetisch geordnet – beschränken. Für einen Anfänger in der Kanarienvogelhaltung wird es sowieso schwierig sein, sich ein genaues Bild vom Krankheitsfall seines Vogels zu machen. Ich will daher nochmals nachdrücklich betonen, daß im Zweifelsfall stets der Tierarzt aufzusuchen ist.

Augenerkrankungen
Symptome: Entzündete Bindehäute, wäßriger oder eitriger Ausfluß, geschwollene, verkrustete, verklebte Augen.
Ursachen: Zugluft, rauchiges Zimmer, Infektion.
Behandlung: Abtupfen mit Borwasser, Kamillenlösung. Antibiotikasalben.

Brüche (Fuß, Flügel)
Symptome: Hängender Flügel, Flugunfähigkeit. Schonen des verletzten Beines.
Ursachen: Starker An- oder Aufprall.
Behandlung: Flügelbrüche vom Tierarzt schienen lassen. Brüche des unbefiederten Beinteils (Lauf) mit Strohhalm oder Trinkhalm schienen und mit Tesa oder Leukoplast umwickeln (nicht zu fest). Zwei bis drei Wochen in Einzelkäfig setzen. Ruhe ist wichtig. Unerfahrene Vogelhalter sollten die Behandlung dem Tierarzt überlassen.

Bei Brüchen des Armknochens wird eine Flügelbinde angelegt.

Darmentzündung
Behandlung: Wärme (30 bis 32°C), Infrarotbestrahlung, schwarzer Tee, Vogelkohle. Bei Infektionen Antibiotika oder Sulfonamide. Letztere auf jeden Fall vom Tierarzt verordnen lassen.

Wenn der Kanari krank ist

Durchfall
Symptome: Wäßriger dünner Kot, verschmutzte Kloakenregion. Freßunlust, apathisches Verhalten.
Ursachen: Aufregung (bei dieser harmlosen Ursache vergeht der Durchfall bald wieder von selbst), Zugluft, starke Temperaturveränderung, verdorbenes Futter.

Fettleibigkeit
Symptome: Trägheit, Flugunlust, schweres Atmen, Mauserschwierigkeiten.
Ursachen: Falsche Ernährung, zuviel fetthaltige Sämereien (Hanf, Sonnenblumenkerne), zu wenig Bewegung.
Behandlung: Magerkost (Glanzsamen, Hirse, Obst Grünfutter), Volierehaltung oder täglicher Zimmerfreiflug. Aber kein Fasten!

Fußkrankheiten
Symptome: Verkrustungen an Beinen und Zehen, abstehende rauhe Hornschuppen, Schonen der (des) Beine(s).
Ursachen: Unsaubere Haltung, verschmutzte Käfigböden und verschmutzte Sitzstangen, Milben (→ Kalkbeine).
Behandlung: Verkrustungen an Füßen und Zehen mit warmem Wasser oder Kamillenbad (vorsichtig) lösen. Saubere Füße mit Kamasolsalbe, Perubalsam oder Wundgel hauchdünn einreiben. Bis zum völligen Abheilen Vogel im Käfig ohne Bodenbelag aus Sand oder Erde halten (Zeitungspapier, Schaumstoff).

Geflügelpest
Symptome: Atemnot, Durchfall, Fieber, Freßunlust, Lähmungen, Krämpfe, Schwellungen der Augenlider. Der Vogel geht nach wenigen Tagen ein.
Ursachen: Durch Hausgeflügel oder Wildvögel übertragene Viren.
Behandlung: Für Kanarienvögel gibt es noch keine Medikamente zur Vorbeugung. Volierendächer abdecken und Kontakt mit Spatzen und anderen Wildvögeln vermeiden.

Kalkbeine
Symptome: Abstehende Fuß- und Zehenschuppen, weißliche Krusten an Beinen und Zehen, Ruhelosigkeit durch Juckreiz.
Ursachen: Milben, die sich in und unter die Hornschuppen an Füßen und Zehen einbohren.
Behandlung: Einreiben mit Kalkbeinsalbe oder Vaselin. In hartnäckigen Fällen mit Odylen aus der Apotheke.

Kanarienpocken
Symptome: Gelblich-weiße Knötchen oder Bläschen an Kopf, Brust, Flügelspannhäuten und Zehen. Starke Atemnot, schleimiger Auswurf, weißliche Beläge im Rachenraum und auf der Zunge.
Ursachen: Pockenvirus. Ansteckung durch zugekaufte Vögel oder wildlebende Finkenvögel und Spatzen.
Behandlung: Wenig aussichtsreich. Vorbeugende Impfung durch den Tierarzt bei größeren Zuchtbeständen empfehlenswert. Gründliche Desinfizierung der Käfige und Volieren.

Kokzidiose
Symptome: Langsames Dahinsiechen, Freßunlust, Durchfall.
Ursachen: Kokzidien (Darmschmarotzer). Seuchenartiges Auftreten in feuchtwarmen Sommern bei ungepflegten Volieren. Nachweis durch Kotuntersuchung.
Behandlung: Sulfonamide oder Furazolidon im Trinkwasser. Tierarzt!

Wenn der Kanari krank ist

Legenot
Symptome: Weibchen sitzen aufgeplustert und bewegungslos herum. Sie verenden oft schon nach wenigen Stunden.
Ursachen: Legereifes Ei kann durch die Kloake nicht ausgepreßt werden. Zu junge Weibchen leiden oft darunter. Manchmal bildet sich auch die Schale nicht um das Ei, was ebenfalls Legenot verursachen kann.
Behandlung: Wärme. Einen Tropfen Speiseöl in und um die Kloake. Leichte und vorsichtige Massage der Kloakenzone. Eischale keinesfalls im Innern des Vogels zerdrücken; dies nur bei schalenlosem Ei, das gut zu fühlen ist.

Milben
Symptome: Unruhiger Schlaf, ständiges Putzen und Suchen im Gefieder, Schwächung des Vogels.
Ursachen: Befall von Roter Vogelmilbe, Luftsackmilbe oder Federlingen. Übertragung durch zugekaufte Vögel oder durch Wildvögel.
Die Rote Vogelmilbe befällt die Vögel nur nachts, Luftsackmilben und Federlinge bleiben ständig im beziehungsweise am Tier.
Behandlung: Mit Kontakt-Insektenmitteln (Sprühdosen), in Zoohandlungen erhältlich. Volieren, Käfige, besonders Ecken, Winkel und Ritzen aussprühen, auch die Vögel selbst besprühen, aber nicht in Augen und Schnabel. Mafu-Strips (Bayer) in Zimmern, Zimmervolieren und Schutzhäuschen aufhängen.

Rachitis
Symptome: Vor allem bei Jungvögeln verkrüppelte Füße, Zehen und Flügel.
Ursachen: Mangelerscheinungen, besonders Vitamin-D-Mangel.
Behandlung: Vitamin D 3, Gaben von Vigantol oder Trigantol.

Stockmauser (Mauserschwierigkeiten)
Symptome: Die Vögel erneuern ihr Federkleid nicht, wie normal, innerhalb von vier bis sechs Wochen, sie mausern auch nicht vollständig durch. Sie sehen krank aus und singen nicht. Neue Federn sind brüchig und ohne Glanz.
Ursachen: Falsche oder zu einseitige Ernährung.
Behandlung: Avisanol oder Vitalino-quell ins Trinkwasser. Statt Leitungswasser Mineralwasser geben – ohne Kohlensäure. Mauserhilfe, Virakalk und Multivitaminpräparate ins Trinkwasser und (oder) Futter.

Verstopfung
Symptome: Vogel sitzt mit aufgeplustertem Gefieder teilnahmslos im Käfig, versucht vergeblich Kot abzusetzen. Ähnliches Verhalten wie bei Legenot.
Ursachen: Zu altes Futter, Aufnahme von Fremdkörpern.
Behandlung: Einreiben der Kloake mit angewärmtem Speiseöl. Einen Tropfen Rizinus- oder Paraffinöl in den Schnabel, Obst und Grünfutter füttern.

So halten Sie den Vogel richtig zur Untersuchung oder zum Krallenschneiden: Der Kopf liegt zwischen Zeige- und Mittelfinger, die Flügel werden von Daumen und kleinem Finger gehalten.

Wenn der Kanari krank ist

Zu lange Krallen (Zehennägel)
Symptome: Zehennägel wachsen zu lang und krümmen sich zu stark. Zehen verbiegen sich. Keine eigentliche Krankheit, aber der Vogel kann nicht mehr richtig sitzen und bleibt leicht mit den Krallen hängen.
Ursachen: Zu glatte und zu dünne Sitzstangen.
Behandlung: Krallen mit scharfer Schere oder Nagelzange kürzen. 3 bis 4 mm vor den Blutgefäßen, die in den Zehennägeln rötlich durchschimmern, abzwicken.

Vögel sind keine einfachen Patienten – und so kleine Vögel wie Kanarien schon gar nicht. Ein Vogel, der durch seinen schnellen Stoffwechselumsatz darauf angewiesen ist, fast ständig Nahrung zu sich zu nehmen, kümmert und verendet sehr rasch, wenn er durch eine Krankheit geschwächt wird. Wie ich am Anfang dieses Kapitels schon erwähnte, ist es aber oft für eine Hilfe bereits zu spät, wenn man erst merkt, daß der Vogel krank ist. Vorbeugen ist deshalb auch hier besser als heilen. Besteht keine Aussicht auf Heilung, darf ein Tier nur durch den Tierarzt getötet werden. So schreibt es das Gesetz vor. Verendet der Vogel bei Ihnen zu Hause, so müssen Sie ihn eigentlich auch beim Veterinärarzt oder bei der Tierkörperverwertung abliefern. Der Tierarzt empfiehlt sich sowieso, wenn Sie sich über die Todesursache nicht im klaren sind. Besonders, wenn Sie noch andere Vögel zu Hause haben, sollten Sie – um gegebenenfalls vorbeugende Maßnahmen treffen zu können – zumindest sicher sein, daß der verendete Vogel keine ansteckende Krankheit hatte. Die Feststellung der Todesursache durch den Veterinärarzt ist aber schon deshalb empfehlenswert, damit Sie für künftige Fälle besser Bescheid wissen.

Die Zeit der Mauser

Die Mauser ist zwar keine Krankheit, sondern ein im Leben der Vögel völlig natürlicher Vorgang, bei dem die alten abgenutzten Federn abgestoßen und durch neu heranwachsende ersetzt werden. Doch sind die Vögel in der Zeit der Mauser für Krankheiten besonders anfällig. Auch kann der Verlauf der Mauser durch Krankheit oder unzureichende Ernährung gestört werden. Ein Vogel in einer solchen »Stockmauser« singt nicht mehr.
Wenn die körperbedeckenden Federn gewechselt werden, ist es das Kleingefieder, das der Vogel mausert. Werden die Schwungfedern der Flügel und die Steuerfedern des Schwanzes erneuert, mausert der Vogel sein Großgefieder.
Die Mauserzeit des Kanarienvogels fällt etwa in die Monate August und September. Innerhalb von sechs bis acht Wochen muß er sein Federkleid vollständig ausgewechselt haben. Dauert die Mauser wesentlich länger, dann stimmt etwas nicht, das heißt, die Stoffwechselvorgänge sind nicht in Ordnung. Diese lassen sich aber nicht von heute auf morgen regulieren. Eine normale Mauser setzt richtige Fütterung (→ Seite 39) lange Zeit vorher voraus, also abwechslungsreiches Futter mit ausreichenden Gaben an Vitaminen, Mineralstoffen und Spurenelementen. Immerhin können Sie Ihrem Vogel helfen, auch eine schlechte Mauser zu überstehen und den Verlauf wenigstens etwas in Gang bringen, indem Sie beispielsweise Avisanol, Vitalinoquell oder andere Mauserhilfen, wie sie im Handel erhältlich sind, in das Futter oder das Trinkwasser geben.

Kanarienhochzeit und Nachwuchs

Falls Sie züchten wollen

Zu diesem Vorhaben ist zunächst einiges zu sagen. Ein einzelner Kanarienvogel, der sich der Familie Mensch anschließt, kann gerade dem Anfänger in der Vogelhaltung weit mehr Freude bereiten als verpaarte Vögel, die sich dann ausschließlich untereinander verständigen und miteinander beschäftigen, denen der Mensch deshalb ziemlich gleichgültig ist. Die Zucht von Kanarienvögel ist mehr eine Aufgabe für fortgeschrittene Vogelliebhaber und verlangt schon einige Kenntnis. Vogelzucht setzt noch mehr Verantwortung und Zeit voraus als Einzelvogelhaltung, denn Sie haben nicht nur für einen Vogel zu sorgen, sondern auch für den Nachwuchs.

Sie müssen wissen, wohin Sie die selbständig gewordenen Jungen geben, weil Sie diese ja kaum alle behalten können oder wollen. Sie dürfen diesen Nachwuchs nicht einfach »irgendwo« unterbringen oder gar freilassen. Ihre Sorge muß es ein, den Jungvögeln eine Bleibe zu verschaffen, wo sie ebenso gut und fachkundig versorgt und gehalten werden wie bei Ihnen.

Machen Sie sich auch klar, daß jeder Nachwuchs, jede Brut einen zwar ganz natürlichen, aber grundsätzlichen Verschleiß des Zuchtpaares bedeutet. Domestizierte Vogelarten wie der Kanarienvogel können es in einer Brutsaison weit öfter zu Nachwuchs bringen als Wildvögel, wenn es der Züchter darauf anlegt. Doch je öfter sie Nachwuchs im Nest haben, desto geringer ist die Lebenserwartung der Altvögel.

Auch sollten Sie nur dann züchten, wenn Sie mit Recht behaupten können, daß Ihre Vögel richtig und gut gehalten werden. Das können Sie aber erst nach ein paar Jahren, die von Ihrem Vogel oder Ihren Vögeln ohne Krankheits- und Unglücksfälle überstanden wurden. Die Fortpflanzung unserer Kanarienvögel im Käfig läuft – im Gegensatz zu eingefangenen und in Käfige gesteckten Wildvögeln, bei denen man nur selten auf Zuchterfolg hoffen kann – recht problemlos ab. Dennoch müssen einige Voraussetzungen erfüllt sein, damit es zu einem gesunden Nachwuchs kommt.

Es gibt natürlich viele Möglichkeiten der »hohen« Kanarienzucht, auf die ich hier nicht alle eingehen kann. Wer solche Ambitionen hat, wird entweder seine Erfahrungen im Lauf der Jahre selbst sammeln oder sich in umfangreicheren Büchern darüber orientieren müssen (→ »Bücher, die weiterhelfen«, Seite 72). Dieser Ratgeber ist für Anfänger in der Kanarienvogelhaltung gedacht, die vielleicht einmal von einem Paar Nachwuchs haben möchten oder bei denen es zufällig dazu kommt. Ich will also nur die leichtesten und üblichsten Methoden der Zucht beschreiben.

Die »normale« Methode

Da freilebende Kanarengirlitze während der Brutzeit Paare bilden und als solche zusammenleben, also monogam sind, wäre die paarweise Haltung auch in der Gefangenschaft das »Normale«. Ein Paar läßt sich in Zimmer- oder Freivolieren halten oder – wenn es sich gut verträgt – in einem Käfig von 100 x 40 x 60 cm Größe. Es ist nämlich durchaus nicht selbstverständlich, daß sich ein Paar verträgt. Ein Vogel geht nicht mit jedem Andersgeschlechtlichen seiner Art eine Ehe ein, denn auch unter Vögeln gibt es Sympathien und Antipathien. Wenn sich Männchen und Weibchen nicht mögen, merken Sie das bald. Sie jagen sich ständig, verjagen sich gegenseitig vom Futterplatz und

Kanarienhochzeit und Nachwuchs

von den Ruheplätzen. Solche »Streithanseln« sollten Sie möglichst schnell trennen, denn über kurz oder lang gerät der Unterlegene derart in die Defensive, daß er zu kümmern beginnt.

Hat man ein harmonierendes Paar zusammengebracht, so bietet die Einzelhaltung dieses Paares für die Brut einige Vorteile gegenüber der Haltung mehrerer Vögel. Wie bei den Wildvögeln füttert das Männchen sein Weibchen vor und während der Brutzeit, hilft beim Füttern der Jungen in der Nestlingszeit und übernimmt oft die gesamte Fütterung nach dem Ausfliegen der Kinder. Dann ist das Weibchen nämlich meist schon wieder mit dem Bau eines weiteren Nestes beschäftigt. Denn für jedes Gelege wird ein neues Nest gebaut, manchmal jedoch auch

Kanarienvögel, die heftig zu streiten beginnen, sollten möglichst schnell wieder getrennt werden.

das alte verwendet. Um das – wegen der Ungeziefer-Gefahr – zu vermeiden, sollten Sie nach dem Ausfliegen der Jungen das alte Nest entfernen.

Man hat also bei einem sich gut vertragenden Paar die beste Gewähr dafür, daß der Nachwuchs optimal aufgezogen wird, und daß das Weibchen fest und durchgehend brütet. Das ist nämlich nicht unbedingt der Fall, wenn das Männchen herausgefangen wird.

Ein Männchen – mehrere Weibchen

Eine andere Zuchtmöglichkeit besteht darin, daß Sie drei oder vier Weibchen zusammen mit einem Männchen in einer größeren Zimmer- oder Freivoliere halten.
Hierbei kann es allerdings passieren, daß die Weibchen sich gegenseitig beim Nestbau und beim Brüten stören, zum Beispiel, wenn zwei Weibchen sich ein und denselben Nistplatz ausgesucht haben. Wollen Sie außerdem nicht nur irgendwelche Kanarienvögel züchten, sondern eine ganz bestimmte Rasse (→ Seite 6), so müssen Sie bei den bestehenden Haremsverhältnissen schon sehr genau darauf achten, daß das Männchen und alle Weibchen von der gleichen Rasse sind. Daß es sonst eine kunterbunte Kindermischung gibt, liegt auf der Hand.

Die Wechselhecke

Bei dieser, vor allem von erfahrenen Züchtern bevorzugten Methode sind mehrere Weibchen einzeln in kleinen Käfigen untergebracht. Der Züchter läßt ein Männchen jeweils dann zu einem der Weibchen, wenn dieses gerade brutwillig ist und ein Nest fertig gebaut hat. Sobald dieses Weibchen dann sein volles Gelege im Nest hat, wird das Männchen wieder herausgefangen und zu einem weiteren Weibchen gegeben. Diese Methode setzt voraus, daß der Züchter ganz genau weiß, wann ein Weibchen so weit ist, daß es das Männchen annimmt und duldet. Sie ist daher für Anfänger nicht uneingeschränkt zu empfehlen. Außerdem verlassen Weibchen, die ohne Männchen ihr Brutgeschäft durchführen müssen, nicht selten das Gelege oder sind gezwungen, wenn sie die Eier bebrütet

Kanarienhochzeit und Nachwuchs

haben, die Jungen allein aufzuziehen. Dies bedeutet mehr Arbeit für das Weibchen und damit mehr Verschleiß. Weibchen in Wechselhecken sollten auch höchstens zwei Bruten im Jahr aufziehen. Ein einzelnes Paar oder mehrere Weibchen mit einem Männchen zusammen, denen immerhin etwas vom Männchen geholfen werden kann, überstehen auch drei Bruten im Jahr meist ohne Schaden.

Brutstörer

Am sichersten für eine störungsfrei ablaufende Brut ist immer die isolierte Haltung eines Paares. Denn auch das Zusammenleben anderer kleiner Körnerfresser mit dem Brutpaar in einer Voliere kann zu unliebsamen Vorkommnissen führen. Da gibt es Streit um den Nistplatz, weil er eben nicht nur dem Kanarienpärchen günstig erscheint, sondern auch anderen brutfreudigen Mitbewohnern. Oder dem brütenden Kanarienweibchen wird Nistmaterial vom Nest gestohlen, sozusagen unter dem Po weggezogen. Das endet meist damit, daß das Nest flacher und flacher wird, bis die Eier schließlich auf der bloßen Unterlage zerdrückt werden oder aus dem schief und flach gewordenen Nest herauskullern. Noch mehr als in einer Zimmervoliere ist das Brutgeschäft in einer Freivoliere gefährdet, denn hier können sich nicht nur andere Vögel als Störer betätigen. Auch Mäuse und Ratten stehlen Nistmaterial oder machen sich gar über Eier und Junge her. Katzen, die auf dem Volierendach auf nächtliche Jagd gehen, können mit ihren Pfoten bis zum Nest gelangen, wenn dieses zu dicht unter dem Deckgitter angebracht wurde. Sie angeln sich dann das brütende Weibchen als willkommene Beute. Und schließlich kann auch ein Ge-

Modell einer selbstgebauten Zimmervoliere, die sich harmonisch in die Gesamtkonzeption des Wohnzimmers einfügt. Sie bietet mehreren Kanarienpärchen genügend Raum zum Brüten.

Kanarienhochzeit und Nachwuchs

witterregen Vogel, Nest und Gelege derart durchnässen, daß das Weibchen sein Brutgeschäft aufgibt.

Das Zusammenbringen des Paares

In der Regel werden Sie sich zunächst ein Kanarienvogelmännchen angeschafft haben oder anschaffen wollen. Des Gesanges wegen. Nun haben Sie es schon mehrere Monate oder gar Jahre bei sich zu Hause. Es ist in seinem Käfig oder seiner Voliere eingewöhnt und vertraut. Plötzlich kommen Sie auf die Idee, züchten zu wollen, kaufen ein Weibchen, lassen es sofort zum Männchen und meinen, alles weitere ginge von selbst. Da können Sie sich aber gewaltig irren. Das Weibchen, neu und scheu, empfindet mehr Angst als Liebe. Das Männchen, alteingesessen und frech, ist hinter ihm her wie der Teufel. Das ist keineswegs eine gute Ausgangsbasis für eine Vogelehe. Partner, die sich nicht kennen, müssen Zeit haben, sich aneinander zu gewöhnen.
Die Brutzeit der Kanarienvögel beginnt im Frühjahr. Im Herbst stellen Kanarienzüchter ihre Vögel aus, die dann durchgemausert haben und sich in vollem Feder- und Farbenschmuck präsentieren. Überzählige Vögel, die sie nicht selbst zur weiteren Zucht verwenden wollen, werden verkauft. Der Herbst ist auch die beste Zeit, sich selbst einen zusätzlichen Kanarienvogel anzuschaffen. Die Vögel haben dann den Winter über genügend Gelegenheit, sich bei Ihnen zu Hause kennenzulernen und sich aneinander zu gewöhnen.
Bringen Sie nun den neuen Vogel nach Hause, so lassen Sie ihn nicht gleich zu seinem Partner in den Käfig oder die Voliere. Setzen Sie die Tiere getrennt voneinander, aber so, daß sie sich sehen und hören können. Rücken Sie die Einzelkäfige allmählich näher zusammen oder den Käfig mit dem Neuen allmählich an die Voliere heran. Wenn Sie schließlich keinerlei Abwehrverhalten oder Scheu zwischen den beiden Auserkorenen feststellen können, ist es Zeit, sie zusammenzulassen. Mit fortschreitendem Frühjahr wird das Männchen bald um das Weibchen zu werben beginnen, indem es ausdauernd singt und das Weibchen füttert. Ist das Weibchen bereit zur Paarung, wird es sich auf einen Zweig hinducken und sich begatten lassen (→ Zeichnung Seite 52). Danach beginnt es meist bald mit dem Nestbau.

Was zum Nestbau gebraucht wird

Ein Käfig oder eine Voliere, die sauber gehalten werden, bieten keinerlei Nistmaterial. Aus Sandkörnern kann ein Vogel kein Nest bauen. Und selbst wenn er Nistmaterial zur Verfügung hat, findet er keinen Platz, an dem das Nest hält. Sie müssen als dafür sorgen, daß Nistmaterial und Nestbaumöglichkeiten

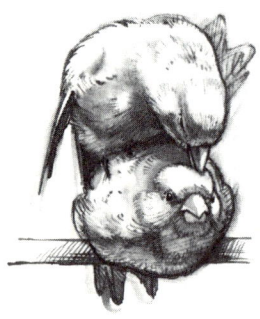

Höhepunkt der Kanari-Balz ist die Begattung. Sie dauert nur Bruchteile von Sekunden.

Kanarienhochzeit und Nachwuchs

(siehe Zeichnung unten) vorhanden sind, sobald die Vögel dies brauchen. An *Nestunterlagen* gibt es vielerlei zum Stellen und zum Hängen. Nicht alles ist praktisch und gut. Da sind einmal die halbkugelförmigen Nestunterlagen aus Peddigrohr-, Draht- oder Plastikgeflecht. Sie werden von den Kanarienweibchen gern angenommen und bewähren sich auch. Völlig geschlossene halbrunde Körbchen, aus welchem Material auch immer, ohne Maschen und Löcher, geben dem Nistmaterial nicht genügend Halt. Verfitzt sich

Plastiknest mit und ohne Nestkasten

das Weibchen einmal mit den Zehen im Nistmaterial (vielleicht, weil die Zehen zu lang und krumm gewachsen sind, (→ Seite 48), kann es bei seinen Befreiungsversuchen das ganze Nest mitsamt den Eiern oder Jungen herausreißen.

Die geflochtenen Körbchen sind alle oben offen. Dank der bei den Kanarienweibchen üblichen offenen Nestbauweise können Sie den ganzen Ablauf – Brut, Schlüpfen und Aufzucht der Kanarienkinder – unmittelbar miterleben.

In Freivolieren müssen Sie Nistgelegenheiten so anbringen, daß sie vor Regen, Zug und Wind geschützt sind. Die Nestkörbchen gibt es in verschiedenen Größen von 8 bis 13 cm Durchmesser, passend für die unterschiedlich großen Kanarien der einzelnen Rassen. Neben den halbkugeligen Körbchen nehmen Kanarien auch gern Halbhöhlen aus Holz an. Plastik ist hier nicht so sehr zu empfehlen, obwohl es sich leichter und gründlicher säubern läßt. Aber es ist eben glatt und gibt dem Nest nicht so guten Halt wie rauhes Holz. Allerdings kann ein Nest aus solchen Halbhöhlen nicht ganz so leicht herausgerissen werden wie aus den Körbchen.

Alle Nistgelegenheiten sollten in der oberen Volierenhälfte angebracht oder so von außen vor eine Käfigöffnung gehängt werden, daß die Öffnung dadurch abgedichtet wird. Letzteres hat den Vorteil, daß das Nest im Käfiginneren keinen Platz wegnimmt und Sie es außerdem leichter kontrollieren können, ohne jedesmal in das Bauer fassen zu müssen.

An *Nistmaterial* brauchen die Vögel ein möglichst vielseitiges und unterschiedliches Angebot, das anfangs – zur Stabilität des Nestes – fester sein soll. Es ist selbstverständlich, daß das Nistmaterial ihrer Größe entsprechen muß: Aus groben Zweigen und Ästen können sie kein Nest bauen. Es eignen sich: kurzgeschnittene Baumwollfäden (in langen Fäden kann sich der Vogel leicht verhängen und erdrosseln), Kokosfasern, Sisalfasern, Heu. In Freivolieren finden und nehmen die Weibchen auch Federchen, feine Halme, allerlei Pflanzenfasern und andere weiche Dinge, besonders zum Auspolstern der Nestmulde. Das Vorhandensein von ausreichendem und passendem Nestbaumaterial trägt wesentlich zur späteren Brutlust des Weibchens bei. Auch wird das Nest durch unterschiedliches Baumaterial fester und dichter, was wiederum den Eiern und den Jungen zugute kommt.

Farbenkanarienvogel Grün. Er ähnelt dem Girlitz ▷
von den Kanarischen Inseln.

Das Weibchen legt

Sobald das Weibchen sein Nest fertiggestellt hat, wird es das erste Ei legen. Dies geschieht fast immer in den frühen Morgenstunden. Wilde Finkenvögel brüten erst fest, wenn ihr Gelege vollständig ist. Auch beim Kanarengirlitz ist das so.

Durch die Domestikation unserer Kanarienvögel ist dieses Verhalten jedoch verlorengegangen, und die Weibchen beginnen fast stets schon nach der Ablage des ersten Eies mit dem Brüten. Da vier bis sechs Eier im Abstand von je einem Tag gelegt werden, bedeutet dies, daß auch die Jungen nach einer Brutzeit von dreizehn bis vierzehn Tagen nacheinander schlüpfen. Das erste ist dann unter Umständen schon sechs Tage alt, wenn das sechste schlüpft. Diese Spätlinge haben neben den älteren Geschwistern wenig Aussicht auf langes Leben. Für die gleichmäßige Aufzucht der Jungen ist es daher notwendig, daß alle möglichst an einem Tag schlüpfen. Hier ist also Hilfestellung zu geben, und die ist gar nicht schwer.

Sie nehmen einfach die Eier, gleich nachdem sie gelegt worden sind, aus dem Nest, tauschen sie gegen Kunsteier aus Gips oder Plastik aus und bewahren sie gut geschützt in einer luftigen, weichgepolsterten Schachtel. Hat das Weibchen sein drittes oder viertes Ei gelegt, bekommt es dann seine eigenen Eier wieder ins Nest zurück. Nun werden die Jungen mit ziemlicher Sicherheit zum etwa gleichen Zeitpunkt das Licht der Welt erblicken. Die herausgenommenen Eier müssen Sie natürlich vor Stößen, Schütteln, Hitze und Frost schützen – eigentlich überflüssig zu sagen. Jagen Sie beim Austauschen der Eier das Weibchen auch nicht rabiat vom Nest, sondern gehen Sie dabei etwas vorsichtig mit ihm um. Nähern Sie sich dem Nest langsam. Irgendwann wird das Weibchen dann von allein heruntergehen und ein Stück wegfliegen. Ist es sehr zutraulich, berühren Sie es sanft mit der Hand. Hilft auch das noch nicht, schieben Sie es langsam und vorsichtig mit zwei Fingern vom Nest. Und noch eins: Die winzigen Vogeleier sind sehr leicht zu zerbrechen. Nur ein wenig Druck zwischen Zeigefinger und Daumen genügt.

Bei Finkenvögeln, also auch bei Kanarien, ist es üblich, daß das Weibchen allein brütet und nicht vom Männchen dabei abgelöst wird. Es verläßt das Gelege nur am Morgen und am Abend kurz, um Kot abzusetzen und zu trinken. Hat es kein Männchen bei sich (etwa bei der Zucht in Wechselhecken), so muß es natürlich in dieser Zeit auch Futter aufnehmen. Ist das Paar zusammen, versorgt das Männchen sein Weibchen auf dem Nest mit Nahrung aus dem Kropf.

Normalerweise sitzen Kanarienweibchen sehr fest und ausdauernd auf ihren Eiern. Ausnahmen gibt es natürlich. Unerfahrenheit oder ein noch nicht voll ausgebildeter Bruttrieb können die Ursache sein. Hin und

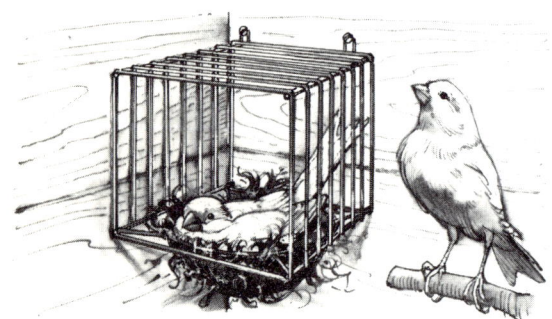

Wenn das Kanari-Pärchen bei der Brut zusammen ist, versorgt das Männchen sein Weibchen mit Nahrung aus dem Kropf.

◁ Zwei afrikanische Verwandte des Kanariengirlitz.
Oben: Gelbbauch-Girlitz, *Serinobs flaviventris*.
Vorkommen von Rhodesien bis zur Kap-Provinz.
Unten: Schwefelgelber Girlitz, *Crithagra sulphurata*.
Vorkommen von Zentral- bis Südafrika.

wieder hat man es auch mit einem nervösen Weibchen zu tun, das sein Gelege bei der geringsten Störung verläßt. Hier ist dann Ruhe geboten. Sie sollten möglichst wenig in die Nähe kommen oder, falls der Vogel in einem kleinen Bauer brütet, dieses an einen Ort stellen, an dem nicht ständig Betrieb herrscht.

Manche Weibchen, vor allem jüngere, die zum ersten Mal brüten, verlassen mitten in der Brutzeit das Gelege. Sie wollen einfach nicht mehr. Züchter, die mehrere brütende Weibchen zur Verfügung haben, können dann die verlassenen Eier einem anderen Weibchen unterschieben, dessen Gelege gleich alt ist. Hat man keine solchen Ersatzmütter, dann bleibt nur zu hoffen, daß es beim nächsten Mal besser klappt. Erweist sich ein Weibchen auf die Dauer als unzuverlässig in der Brut (oder auch bei der Aufzucht der Jungen), muß man es austauschen.

Die Eier beziehungsweise einzelne davon können auch unbefruchtet sein. Dies läßt sich am vierten Tag nach Beginn des Brütens feststellen, wenn man die weißen Eier gegen ein Licht (Taschenlampe, Glühbirne) hält. In befruchteten Eiern erkennt man den sich bildenden Embryo als dunkleren Fleck und sieht feine rote Adern. Unbefruchtete Eier sind klar und gleichmäßig durchsichtig. Auch auf einem unbefruchteten Gelege sollten Sie das Weibchen seine Brutzeit von etwa vierzehn Tagen absitzen lassen, damit es nicht verfrüht und plötzlich aus seinem Rhythmus gerissen wird.

Daß Eier nicht befruchtet sind, kommt gar nicht so selten vor. Auch bei Wildvögeln in natürlicher Umgebung finden sich hin und wieder unbefruchtete Eier im Gelege. Stellt sich jedoch heraus, daß ein Paar stets unbefruchtete Eier hat, bleibt wiederum nur der Austausch, zunächst des Männchens, dann des Weibchens und schließlich des Paares überhaupt.

Die Jungen schlüpfen

Sie tun es, wie schon gesagt, nach dreizehn bis vierzehn Tagen. Nun kommt es darauf an, ob das Weibchen die Jungen gut hudert (wärmt) und füttert. In der Regel sind Kanarienweibchen gute Mütter, die ihre Kleinen mit im Kropf vorverdauter und eingeweichter Nahrung versorgen. Ist der Vater bei der Aufzucht dabei, so übergibt er dem Weibchen die Nahrung, worauf diese vom Weibchen an die Jungen weitergefüttert wird. Der Vater spielt also hier wieder eine sehr wichtige Rolle, ein Grund mehr, warum die Paarzucht anzuraten ist.

Füttert und hudert das Weibchen schlecht, ist die Brut verloren. Eine Handaufzucht ist nicht zu empfehlen, schon gar nicht für den Anfänger. Sie wäre bei solch winzigen Nesthockern, die einen vorgequollenen Nahrungsbrei brauchen, ein äußerst schwieriges und meist nicht zum Erfolg führendes Unterfangen.

Eine wichtige Voraussetzung für das Gelingen einer Brut und die Aufzucht der Jungen ist das Aufzuchtfutter (→ Seite 41), das als sehr eiweißreiches Fertigfutter heute in jedem Fachgeschäft zu bekommen ist. Es sollte bereits in der Zeit der beginnenden Brutperiode den Eltern zusätzlich zur üblichen Nahrung gegeben werden. Wenn dann Kanarienkinder im Nest sind, ist selbstverständlich mehr denn je darauf zu achten, daß nur frisches, unverdorbenes Futter angeboten wird. Sind die Jungen ein paar Tage alt, geht das Weibchen schon des öfteren vom Nest,

Kanarienhochzeit und Nachwuchs

und der Vater füttert die Kleinen jetzt auch direkt.
Um den sechsten Tag sind die Blutfederkiele, in deren schützender Hülle sich die Federn heranbilden, deutlich zu sehen. Die Nestlinge gleichen jetzt kleinen Igeln. Nach weiteren sechs Tagen sind die Federn durchgebrochen, haben sich weitgehend entfaltet und hüllen die Jungen schon wärmend ein. Im Alter von siebzehn oder achtzehn Tagen verlassen die

Bereits flügge Jungkanari werden von den Altvögeln oft noch eine Zeitlang mitgefüttert.

Jungkanarien das Nest. Aber auch dann noch werden sie einige Zeit von den Altvögeln mitgefüttert – obwohl sie schon mehr und mehr selbst Nahrung aufnehmen –, bis sie schließlich völlig selbständig geworden sind. Oft beginnt das Weibchen, wie schon erwähnt, in dieser Zeit bereits mit dem Bau des zweiten Nestes, während das Männchen sich noch um die schon flüggen Kinder kümmert. Sobald diese die Eltern nicht mehr brauchen, können die Jungen herausgefangen und in einem anderen Käfig untergebracht werden.

Sonderteil: Kanarienvögel verstehen lernen

Das folgende Kapitel soll Ihnen dabei helfen, Ihren Kanarienvogel besser kennen und verstehen zu lernen, ein Vorgang, der für beide Beteiligte an dieser Hausgemeinschaft nur von Vorteil sein kann. Wie jedes andere Tier, so hat auch Ihr Kanarienvogel bestimmte arteigene Verhaltensweisen, nach denen Sie beurteilen können, in welchem Zustand sich der kleine Vogel gerade befindet: Ob er gesund oder ob er krank ist, ob er müde ist und in Ruhe gelassen werden will oder ob er aktiv und bereit ist, sich mit Ihnen – seinem »Vogelpartner Mensch« – zu unterhalten. Versuchen Sie einmal, Ihren gefiederten Freund einige Zeitlang aus der »Vogelperspektive« zu sehen; das Verständnis für seine speziellen Probleme wird Ihnen dann viel leichter fallen. Als erstes aber möchte ich Ihnen erklären, was Vögel eigentlich für Lebewesen sind.

Was ist das überhaupt, ein Vogel?

Vögel sind Wirbeltiere, die sich jedoch von allen anderen Wirbeltieren schon rein äußerlich dadurch unterscheiden, daß ihr Körper von Federn bedeckt ist. Nackte Vögel gibt es nicht, wenn man einmal von gerupften Suppenhühnern absieht. Die Vordergliedd-

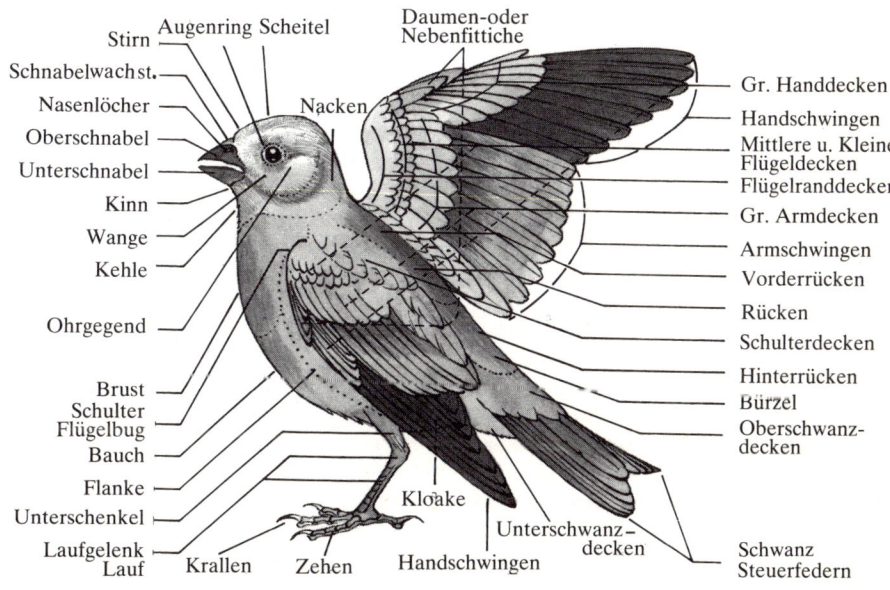

Was ist wo an einem Kanarienvogel? Die Kenntnis der einzelnen Körperteile und Federpartien kann Ihnen bei Gesprächen mit dem Tierarzt von großem Nutzen sein.

Sonderteil: Kanarienvögel verstehen lernen

maßen der Vögel sind zu Flügeln umgebildet. Manche Vögel haben allerdings im Lauf der stammesgeschichtlichen Entwicklung ihre Flugfähigkeit wieder eingebüßt. Zum Beispiel die Strauße. Andere, wie die Pinguine, benützen die Flügel nicht mehr zum Fliegen, sondern zum Rudern im Wasser. Weitaus die meisten Vögel aber können fliegen, ihr Körper ist der Fortbewegung in der Luft durch allerlei »technische« Besonderheiten angepaßt. So dient das Federkleid nicht nur der Wärmeregulation, es gleicht Unebenheiten des Körpers aus und verleiht ihm die nötige Stromlinienform. Die Knochen der Vögel sind stabil, aber leicht gebaut und zum Teil hohl, wodurch das Gewicht gering gehalten wird. Auch der mächtige Schnabel mancher Vögel birgt im Innern mehr Luft, als man ihm von außen ansieht. Von den Vogellungen aus reichen Luftsäcke zwischen die großen Flugmuskeln und andere Körperteile. Sie sorgen vor allem für Kühlung, damit die Muskeln beim Flug nicht »überhitzen«.

Die Vogelfedern bestehen aus einer hornartigen Substanz wie die Schuppen der Reptilien, von denen die Vögel ja abstammen. Der Urvogel *Archaeopteryx*, dessen Reste man als versteinerte Abdrücke fand, und der vor etwa 150 Millionen Jahren in der Jurazeit lebte, stellte ein Zwischenglied dar zwischen Echse und Vogel. Er hatte noch eine lange Schwanzwirbelsäule, Zähne im Maul und Krallen an den Fingern, aber schon Federn und Flügel. Richtige Hornschuppen finden wir bei unseren Vögeln nur noch an den Füßen, auch der knöcherne Schnabel ist von Horn überzogen.

Vögel sind, wie die Säugetiere auch, Warmblüter. Ihre normale Körpertemperatur liegt bei etwa 41° Celsius. Äußere Temperaturschwankungen werden – wie schon gesagt – durch das Federkleid weitgehend ausgeglichen. Wird es einem Vogel zu warm, dann legt er die Federn dicht an, drückt dadurch die Luft zwischen ihnen heraus und entledigt sich damit der Isolierschicht. Wird ihm kalt, plustert er sich auf, so daß viel Luft zwischen die Federn kommt, die sich nun durch die Körperwärme aufheizt und so ein Wärmepolster bildet.

Da der Vogel keine Schweißdrüsen besitzt, kann er folglich auch nicht schwitzen. Will er sich Kühlung verschaffen, dann läßt er Feuchtigkeit im Rachenraum verdunsten. Dazu öffnet er den Schnabel und hechelt, wie auch der Hund es tut, der ja ebenfalls keine Schweißdrüsen hat.

Alle Vögel legen Eier mit fester Kalkschale. Mit wenigen Ausnahmen bebrüten sie ihr Gelege selbst und betreuen dann die geschlüpften Jungen. Nur die Brutschmarotzer, zu denen etwa unser heimischer Kuckuck zählt, überlassen das Brüten und Aufziehen der Jungen sogenannten Wirtseltern. Und die Angehörigen der Familie der Großfußhühner *(Megapodiidae)* vergraben ihre Eier im warmen Sand oder in Laubhaufen. Sonnenstrahlung und Gärungswärme ersetzen hier die Körpertemperatur der Altvögel. Wenn die kleinen Großfußhühnchen dann schlüpfen, buddeln sie sich ans Tageslicht und machen sich sogleich selbständig. Aber das sind, wie gesagt, Ausnahmen.

Nahrungsaufnahme und Verdauung werden Sie als Vogelhalter sicher besonders interessieren. Die Nahrungsaufnahme der Vögel ist ein äußerst vielseitiges Thema. Das Sprichwort »Friß Vogel oder stirb« hat durchaus seine Berechtigung. Denn ein Vogel muß eigentlich fast unentwegt fressen, um die notwendige tägliche Nahrungsmenge, nämlich ein Drittel seines Körpergewichts, zu sich

Sonderteil: Kanarienvögel verstehen lernen

zu nehmen. Ein kleiner Vogel kann sterben, wenn er ein paar Stunden zu wenig Futter findet, vor allem, wenn es kalt ist.
Die Verdauung geht rasch vor sich, die nicht genutzten Abfallstoffe werden durch die Kloake, die gemeinsame Öffnung für Harn, Kot und Fortpflanzungsprodukte, ausgeschieden. Auf Polstern und Kleidung hinterlassen die Ausscheidungen fast immer Flecken. Darum sollten Sie sich, wenn Ihre Schulter der Lieblingsplatz Ihres Vogels ist, durch einen Kleckerlatz schützen.
Vögel sind Augentiere, sie orientieren sich in erster Linie optisch. Auch hören können sie gut, dagegen ist es mit dem Geruchssinn nicht weit her. Nur Geier, also Aasfresser, haben eine gute Nase. Sie riechen es sofort, wenn es stinkt. Der Geschmackssinn eines Vogels ist wiederum gut ausgebildet. Was ihm nicht schmeckt, das frißt er nicht. Das Futter wird jedoch immer zuerst mit den Augen gefunden. Daher ist ein blinder Vogel zum Tode verurteilt.

So lebt der wilde Kanarengirlitz

Nach der systematischen Ordnung der Zoologie gehört der wilde Kanarienvogel zu den Sperlingsvögeln *(Passeres)*, hier wiederum zur Familie der Finkenvögel *(Fringillidae)* und zur Gattung der Girlitze *(Serinus)*.
Auch der Kanarienvogel ist ein Vogel mit allen Eigenheiten, wie sie einen Vogel auszeichnen. Solange er nur als grünlicher Wildvogel auf den Bäumen seiner kanarischen Heimat herumhüpfte, galt er nicht als etwas Besonderes. Beachtung fand er erst, als er vom Menschen durch gezielte Auslese zu jenem gelben, orangeroten oder gescheckten Haustier herangezüchtet wurde, als das wir ihn heute kennen.

Die freilebende wilde Stammform des Hauskanarienvogels, der Kanarengirlitz *(Serinus canaria canaria)*, kommt auf den Kanarischen Inseln, Madeira und den Azoren vor. Sie ist etwas kleiner als die meisten Zuchtformen und mißt von der Schnabel- bis zur Schwanzspitze rund 13 cm. Auch bei der Wildform findet sich das für den Heimvogel so typische Gelb im Gefieder, doch ist es sehr stark mit gelbgrünen, grünen und schwärzlichen Farbschattierungen vermischt. Die Weibchen sind unscheinbarer als die Männchen und bräunlichgrau gefärbt. Mit unserem heimischen Girlitz *(Serinus serinus)* ist der Kanarengirlitz nahe verwandt. Er läßt sich ohne weiteres mit ihm kreuzen, die Nachkommen sind auch fruchtbar.
Über den Gesang des wildlebenden Vogels im Vergleich zu dem des gezüchteten gehen die Meinungen auseinander. Die einen behaupten, dieser singe schöner, die anderen, jener. Im Grunde sind alle Gesangselemente, die etwa ein *Harzer Roller* (→ Seite 7) in Vollendung hervorbringt, auch bei den Wildvögeln zu hören. Aber in ihrem Gesang sind auch viele »unschöne« Töne enthalten, wenn man einen Vogelgesang schon mit menschlichen Ohren messen will. Nur: Einem Vogel ist es völlig gleichgültig, ob er schön oder unschön singt; sein Lied ist auch nicht an den Menschen gerichtet, sondern an einen Artgenossen.
Jeder Vogel besitzt arteigene Laute und singt artgemäß. Es kommt ihm lediglich darauf an, daß er mit seiner Stimme sein Revier markieren, Rivalen vertreiben und Weibchen anlocken kann.
Für freilebende Vögel besteht die Fortpflanzungszeit aus einer Kette verschiedener Verhaltensweisen und Umweltbedingungen. Fehlt nur ein Glied in dieser Kette, dann funktio-

Sonderteil: Kanarienvögel verstehen lernen

niert das Ganze nicht. Damit Vögel im Frühjahr in Fortpflanzungsstimmung kommen, sind die physiologischen Voraussetzungen dazu notwendig: Die Vögel müssen geschlechtsreif und in bestem Gesundheitszustand sein.

Die Brutzeit der Kanarengirlitze beginnt in ihrer Heimat im Februar oder März. Dann verstärkt sich der Gesang der Männchen. Sie zeigen auch einen Balzflug, ähnlich dem, wie wir ihn von unserem kleinen Girlitz sehen können, wenn er – ununterbrochen singend – in flatterndem Flug zwischen den Baumwipfeln hin und her gleitet. Sobald ein Weibchen gefunden ist und sich das Paar zusammengetan hat, beginnt das Weibchen, ein Nest zu bauen. Es sucht sich dafür eine Astgabel in Stammnähe und in etwa zwei bis drei Meter Höhe. Aus Pflanzenfasern, Gräsern und anderem weichen Material entsteht ein tiefes Napfnest, in das das Weibchen dann seine drei bis fünf Eier legt, die es dreizehn Tage lang allein bebrütet. Vom Männchen wird es mit Futter versorgt. An der Aufzucht der Jungen beteiligen sich beide Eltern. In einem Jahr folgt oft noch eine zweite oder gar dritte Brut. Sind die Jungen auch der letzten Brut selbständig und flügge, dann schließen sich die Kanarengirlitze zu größeren Schwärmen zusammen und ziehen auf der Suche nach Nahrung den Winter über auf der Insel umher.

Die Todesrate unter den jungen Girlitzen ist hoch. Zwischen dem Schlüpfen und dem Tag der Selbständigkeit liegt eine gefahrvolle Zeit. Nur wenige erreichen das erste Lebensjahr und damit die Geschlechtsreife. Das ist jedoch unter Kleinvögeln nichts Besonderes. Für die Erhaltung einer Art reicht es aus, wenn das Elternpaar von zwei Kindern überlebt wird. Feinde gibt es allerlei: Greifvögel, räuberisch lebende Säugetiere und Schlangen stellen den Jungvögeln nach. Viele kommen aber auch in Schlechtwetterperioden um und verunglücken bei den ersten Ausflügen.

Verhaltensweisen des Kanarienvogels

Das Leben, das ein Kanarienvogel in Gefangenschaft führt, unterscheidet sich ganz wesentlich von dem in Freiheit. Der Tisch ist für ihn immer reichlich gedeckt (es sei denn, Sie vergessen Futter zu geben!), vor Feinden braucht er sich nicht in acht zu nehmen (es sei denn, Ihrer Katze ist nicht zu trauen!), und sein Revier muß er auch nicht verteidigen, zumindest nicht bei Einzelhaltung oder paarweiser Haltung. Kurz: Seine angeborenen Fähigkeiten kann er kaum nutzen, auch die ihm angeborenen Verhaltensweisen liegen weitgehend brach. Er frißt, trinkt, hüpft oder fliegt, schläft und putzt sich. Viel mehr bleibt ihm bei Einzelhaltung nicht zu tun. Ob ein Kanarienvogel dabei etwas vermißt, ist schwer zu sagen. Nachdenken über sein Schicksal kann er zum Glück nicht. Wahrscheinlich ist er also ganz zufrieden. Ein Kanarienvogel ist ohnehin kein sehr geselliger Typ. Es gibt ja unter den Vögeln durchaus gesellige und ungesellige Typen. Das hängt davon ab, zu welcher Art sie gehören. Gesellig und ungesellig ist hier keine Frage des Charakters wie beim Menschen, sondern liegt in der Biologie und dem Verhalten der einzelnen Arten begründet. Vögel, die unter natürlichen Bedingungen in größeren sozialen Verbänden leben (so drücken es die Wissenschaftler aus, einfacher kann man »in Schwärmen« sagen), werden auch in Gefangenschaft Anschluß an Artgenossen oder Ersatzartgenossen suchen. Zum Beispiel an den

Sonderteil: Kanarienvögel verstehen lernen

menschlichen Pfleger. Zu solchen geselligen Vögeln gehören unter anderem viele Arten aus der Familie der Stare, Sittiche (Wellensittich!) oder Dohlen. Sie brauchen die Geselligkeit, um sich wohl zu fühlen, sie verkümmern bei Einzelhaft ohne »Ansprache« und ein gewisses Maß an Beschäftigung.
Ein Kanarengirlitz hingegen – und folglich auch der Kanarienvogel – zählt eher zu den ungeselligen Typen. Er ist nicht ganz leicht einzuordnen: Während der Brutzeit haben die Paare zwar streng abgegrenzte Reviere, in denen sie keinen anderen Artgenossen dulden. Nach der Brutzeit aber, im Herbst, finden sich jung und alt zu großen Schwärmen zusammen. Immerhin bestehen solche Schwärme nur den Winter über und sind mehr ein Schutzbündnis gegen Feinde als eine enge Gemeinschaft mit »persönlicher« Bindung der einzelnen Mitglieder untereinander. Sie dürften sich kaum individuell kennen, wie dies etwa in einem Dohlenschwarm der Fall ist.
In der Paarungszeit findet auch nicht jeder seinen Partner, manch wilder Kanarienvogel wird einmal ein Jahr lang ohne Familienanschluß bleiben. Insofern ist der Kanarienvogel wahrscheinlich tatsächlich ein ideales Heimtier, weil man ihn ohne große Sorge um sein Wohlergehen durchaus zeitweise allein lassen kann. Das heißt aber nicht, daß einem Kanarienvogel alles »wurscht« ist. Jedes Tier, und sei es noch so ungesellig, gewöhnt sich an bestimmte Vorgänge in seiner Umgebung und lernt daraus. Ein Kanarienvogel wird sehr bald erkennen, wer ihm das Futter und das Wasser reicht, wer ihm Leckerbissen gibt und wer ihm Gesellschaft leistet. Letzteres klingt nun wie ein Widerspruch zum Vorhergesagten, ist es aber nicht. Tiere brauchen einfach ein gewisses Maß an Vorgängen um sich

herum, ein bißchen Aufregung sozusagen, als das Salz im täglichen Leben. Es hält sie wach, munter und aufmerksam, es stimuliert Kreislauf und Stoffwechsel. Daher ist es auch Ihrem Kanarienvogel ganz angenehm, wenn Sie in seiner Nähe sind, solange Sie ihn nicht durch Ausschütteln von Tischtüchern oder dröhnende Fernsehapparate in Panik bringen. Aber, um es ganz deutlich zu sagen, einen so engen Kontakt wie etwa mit einem Wellensittich werden Sie mit Ihrem Kanarienvogel nie bekommen.
Es gibt vielleicht eine Ausnahme, dann nämlich, wenn ein Kanarienvogel vom Menschen handaufgezogen wurde. Für einen Anfänger in der Vogelhaltung wird das allerdings zu schwierig sein. Aber im Prinzip geht es. Ein handaufgezogener Vogel, der seine eigenen Eltern nie kennengelernt hat, wird den Menschen für einen Artgenossen halten. Er weiß ja nicht, daß ein Mensch ein Mensch ist. Er »weiß« nur angeborenerweise und instinktiv, daß dasjenige Lebewesen, das ihn während seiner Nestlingszeit füttert und wärmt, ein Artgenosse sein muß. Denn so ist es unter natürlichen Umständen.

Den Kanari handzahm machen, heißt, ihn regelmäßig füttern und sich auch sonst ausgiebig mit ihm beschäftigen.

Sonderteil: Kanarienvögel verstehen lernen

Körpersprache, Lautsprache

Wenn der Kanarienvogel den Menschen nun für einen anderen Kanarienvogel hält, so wird er ihn auch dementsprechend behandeln. Er wird ihn etwa anbalzen und ansingen, wenn es sich um einen männlichen Vogel handelt, oder er wird den Menschen auffordern zur Begattung, wenn es sich um einen weiblichen Vogel handelt. Dabei sieht der kleine Vogel den großen Menschen nicht als Ganzes. Meist interessiert ihn nur der Kopf und das Gesicht. Augen sind für Tiere, die sich selbst mit den Augen orientieren, offenbar ein sicheres Erkennungszeichen für den Körperteil »Kopf«. Vögel in Freiheit sitzen, etwa wenn sie als Paar aneinander interessiert sind, nebeneinander auf einem Ast. Ein menschen-geprägter oder auch ein nur zahmer Kanarienvogel wird also auch versuchen, sich möglichst so zu setzen, daß sein Kopf neben dem Menschenkopf ist. Also setzt er sich auf die Schulter. Dort ist er dem Kopf mit den Augen am nächsten, außerdem findet er sicheren Halt. Der Schulterplatz ist auch als Landeplatz beliebt. Er bietet freie Sicht, der Vogel sitzt hoch oben, er hat den Kopf des Partners in der Nähe, aber seine Hand in sicherer Entfernung. Mit dieser Menschenhand hat er nämlich wahrscheinlich irgendwann in seinem Leben schon einmal die üble Erfahrung gemacht, daß sie zugreifen und fangen kann. So ist sie ihm nicht ganz geheuer.

Es gibt aber eine Ausnahme, bei der die Scheu vor der Hand weichen kann, dann nämlich, wenn der handaufgezogene Vogel den vermeintlichen Artgenossen anbalzt oder zur Paarung auffordert. Der ganze Mensch, ich sagte es schon, ist dem kleinen Vogel als Partner einfach zu groß. Da verliert er sozusagen den Überblick. Ein gleichartiger Partner entspräche ja seiner eigenen Größe. Auf der Suche, nun etwas aus diesem großen »Artgenossen« herauszulösen, stößt der Vogel wahrscheinlich aus folgenden Gründen auf die Hand: Erstens ist sie als sehr bewegliches und von sonstigen menschlichen Körperteilen sich deutlich abhebendes Ding am ehesten ein »selbständiges Wesen« für ihn. Zweitens ist es die Hand, die auch füttert, krault, auf die man hüpfen kann und die dadurch in allem einem wirklichen Partner am meisten entspricht.

Wenn also ein Kanarienvogelmännchen vor Ihrer Hand herumstolziert, wenn er sie ansingt und vielleicht sogar daraufhüpft und seinen Po dagegen drückt, oder wenn ein Kanarienvogelweibchen sich in geduckter Haltung dicht an Ihre Hand kuschelt, dann wissen Sie, was gemeint ist. Freuen Sie sich, daß Sie Ihrem Vogel so sympathisch sind! Ich muß Ihnen aber nochmals ganz klar sagen, daß es nur sehr selten zwischen einem Kanarienvogel und seinem menschlichen Pfleger zu dieser Vertrautheit kommen wird. Ist das Verhältnis zwischen Vogel und Mensch nicht so innig – und das ist die Regel –, dann sucht

Die Schulter des Pflegers ist für den Vogel der beste Platz, um »Blickkontakt« aufzunehmen.

Sonderteil: Kanarienvögel verstehen lernen

sich der Kanarienvogel häufig ein anderes Ersatzobjekt, das er ansingt und anbalzt, mit dem er seine Begattungsversuche macht, oder das er zur Begattung auffordert. Sein eigenes Spiegelbild etwa, ein gelbes Bällchen oder Ähnliches. All das schadet dem Vogel nicht – im Gegenteil: Er ist auf beinahe natürliche Art beschäftigt.

Zahm und zutraulich können Sie Ihren Vogel jedenfalls mit Geduld und Ruhe bekommen. Wie zahm er wird, das hängt von vielerlei Faktoren ab. Als ein durch viele Jahrhunderte gezüchtetes und domestiziertes Tier ist er von vornehrein nicht mehr so scheu wie ein sogenannter Wildfang. Das ständige Aufpassenmüssen vor Feinden ist ihm sozusagen weggezüchtet worden. Dennoch wird der Grad der Zahmheit dem Menschen gegenüber auch davon bestimmt, ob der Kanarienvogel jung ins Haus kommt, ob er etwa aus einer Zimmerkäfigzucht stammt, wo er von Anfang an mit dem Menschen Bekanntschaft machen konnte, oder aus einer Freianlage. Es hängt natürlich auch davon ab, ob Sie sich viel mit ihm beschäftigen oder ihm nur einmal täglich das Futter geben. Und schließlich können wir von Tieren, deren Vorgeschichte wir nicht genau kennen, nie wissen, ob sie schon früher gute oder schlechte Erfahrungen mit dem Menschen gemacht haben, und wie weit sie dadurch vielleicht verdorben sind. Ihr Kanarienvogel wird Sie auf jeden Fall bald als Futterspender erkennen. Wenn Sie dahinterkommen, daß der Vogel besondere Leckerbissen mag, so haben Sie im wahrsten Sinne des Wortes ein gutes Mittel in der Hand, ihn zutraulich zu machen und sogar auf die Hand zu locken. Auch bei ihm geht die Liebe zuerst durch den Magen. Hüten Sie sich aber davor – ich muß es nochmals betonen – den Vogel fassen oder fangen zu wollen, wenn es nicht unbedingt sein muß (wie etwa beim Schneiden der Krallen, → Seite 48). Ein Vogel ist nun mal kein Schmusetier. Sollten Sie einen Hausgenossen wünschen, den Sie streicheln, kraulen und tätscheln können, dann schaffen Sie sich einen Hund, eine Katze oder ein Meerschweinchen an, aber keinen Vogel.

Schlank vor Schreck: Der Körper ist aufgereckt, die Federn liegen ganz eng am Körper an.

Das Federkleid eines Vogels ist nämlich eine sehr heikle und von der Natur äußerst empfindlich konstruierte Sache. Es hat für den Vogel lebenswichtige Funktionen zu erfüllen. Deshalb sorgt er durch ständiges Putzen und Glätten dafür, daß sein Federkleid stets in Ordnung ist. Kommt es in Unordnung, mag er das gar nicht. Das Putzen, bei dem der Vogel scheinbar planlos in seinem Federkleid mit dem Schnabel oder den Zehen herumfuhrwerkt, ist in Wirklichkeit eine wichtige Beschäftigung, die am Ende ein glattes Kleid garantiert. Nun kommen Sie und Ihre Hand und fassen in guter Absicht in die Federn, weil Sie glauben, er sei über das Kraulen genauso begeistert wie Ihr Hund oder Ihre

Sonderteil: Kanarienvögel verstehen lernen

Katze. Doch er ist überhaupt nicht begeistert, denn was Sie da anrichten, ist eine Verwüstung schlimmster Art. Unter dem Mikroskop würden Sie das schnell erkennen. Ihr Kanarienvogel ist Stunden damit beschäftigt, wieder in Ordnung zu bringen, was Sie an geknickten und zersplissenen Federn hinterlassen haben.

Es gibt noch einen zweiten Grund, warum ein Vogel nicht angefaßt werden mag. Unter natürlichen Bedingungen in Freiheit bedeutet es den Tod, wenn er gegriffen wird. Hat ihn erst einmal ein Greifvogel so gefaßt, wie Sie ihn fassen, dann ist es aus mit ihm. Instinktiv vermeidet also fast jeder Vogel eine Situation, die ihn seiner Bewegungsfreiheit beraubt. Wenn Sie unbedingt mit Ihrem Kanarienvogel in Berührungskontakt kommen wollen, dann finden Sie heraus, ob er es mag, wenn Sie ihn mit dem Fingernagel oder mit einem kleinen Hölzchen zart an Kopf oder Hals kraulen. Das läßt er sich unter Umständen gefallen. Mag er es nicht, weicht er aus oder fliegt weg. Viele Vögel betreiben untereinander soziale Gefiederpflege. Das heißt, sie kraulen sich gegenseitig mit ihren Schnäbeln, und zwar bevorzugt an solchen Körperstellen, die sie mit den eigenen Putzinstrumenten nicht erreichen können. (Beispiel: Sich mit dem Schnabel selbst am Kopf kraulen, ist auch dem geschicktesten Vogel nicht möglich.) Diese gegenseitige Gefiederpflege setzt ein hohes Maß an Vertrauen dem Partner gegenüber voraus, denn man begibt sich ja absolut in dessen Reichweite.

Versuchen Sie nie, Ihren kleinen Hausgenossen gegen seinen Willen zu berühren oder gar zu fangen. Das wäre die sicherste Methode, einen Vogel handscheu zu machen!

Aber es ist auch gar nicht notwendig, mit einem Tier unbedingt in Berührungskontakt zu kommen, um sich an ihm zu erfreuen. Setzen Sie sich gemütlich hin und schauen Sie Ihrem Kanarienvogel einmal eine Zeitlang ruhig zu. Beobachten Sie einfach, was er tut. Und beobachten Sie genau. Dann werden Sie Ihren Vogel bald besser verstehen lernen.

Zufrieden oder ängstlich?

Ob ein Kanarienvogel zufrieden oder ängstlich, munter oder krank ist, das läßt sich schon an seinen Körperumrissen erkennen, an der Art, wie er sein Federkleid trägt. Ein kranker Vogel sitzt dick aufgeplustert da, eine schwer atmende Federkugel, die Augen sind meist geschlossen. Ein ängstlicher Vogel macht sich glatt. Alle Federn liegen dem Körper eng an, alles ist zur plötzlichen Flucht vorbereitet. Ein Vogel fliegt nicht in aufgeplustertem Zustand, das gäbe zuviel Luftwiderstand. Der Normalzustand, also Zufriedenheit, wird durch ein Federkleid angezeigt, das weder ganz aufgeplustert noch ganz glatt ist. Legere Haltung, könnte man sagen.

So schläft der Vogel

Nicht alle Vögel stecken beim Schlaf den Kopf in die Rückenfedern. Manche ziehen

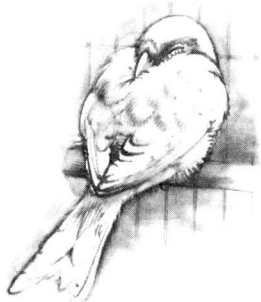

Typische Schlafhaltung eines Kanarienvogels. Denken Sie daran, daß auch ein Vogel ungestörten Schlaf braucht, um gesund zu bleiben.

Sonderteil: Kanarienvögel verstehen lernen

ihn einfach zwischen den Schultern ein, so daß der Schnabel nach vorn zeigt. Aber die Singvögel schlafen, wie viele andere Vögel auch, mit dem Köpfchen im Rückengefieder. Die Körperfedern werden meist geplustert, um die Wärme zu halten, oft wird ein Bein eingezogen. Daß ein Vogel beim Schlaf nicht vom Ast fällt, verhindert ein Muskel-Sehnen-Mechanismus in den Beinen: Bei abgeknicktem Knie- und Laufgelenk ziehen sich die Zehen automatisch zusammen und klammern sich fest. Selten schläft der Kanarienvogel am Tag, es sei denn, er fühlt sich schon sehr sicher in seiner Umgebung. Kein Kleinvogel könnte es sich im natürlichen Lebensraum leisten, tagsüber die Augen zu schließen. Er würde zu leicht eine Beute seiner vielen Feinde werden. Dafür schläft er nachts um so fester. Sie könnten ihn jetzt sogar greifen. Aber tun Sie es bitte nicht, er würde vielleicht noch mehr erschrecken als am Tag.

Körperpflege
Ich sagte schon: Putzen ist eine sehr wichtige Angelegenheit für den Vogel. Es läuft nach angeborenen, ganz bestimmten Regeln ab, zu denen aber im Lauf des Lebens sicherlich auch einiges hinzugelernt wird. Geputzt wird mit dem Schnabel und mit den Krallen an den Zehen. Dabei wird auch das Gefieder geglättet. Der Kanarienvogel verwendet tagsüber eine Menge Zeit darauf. Um seine Halsfedern – zumindest die am Unterhals – mit seinem Schnabel erreichen zu können, muß er den Hals lang recken und zugleich den Kopf stark abbiegen, so daß sein Kinn den Oberhals berührt. Das ist etwas anstrengend, die Augen sind dabei meist geschlossen. Die Schnabelspitze nimmt die einzelnen Federchen und ordnet sie. So geschieht es auch mit dem übrigen Kleingefieder am Körper. Am Nacken, an den Wangen und am Oberkopf – überall da, wo er mit seinem Schnabel nicht hinkommt – kratzt er sich mit den Zehen. Er nimmt zum Beispiel das linke Bein hoch, spreizt gleichzeitig den linken Flügel etwas vom Körper ab, führt das Bein zwischen Körper und Flügel hindurch und kratzt. Der Verhaltensforscher sagt: Er kratzt sich »hintenherum«. So machen es alle Singvögel. Andere Vogelarten kratzen sich »vorneherum«, das heißt, sie spreizen den Flügel nicht ab, sondern führen das Kratzbein außen vor dem Flügel vorbei. Zum Putzen und Glätten der großen Flügel- und Schwanzfedern zieht der Kanarienvogel diese einzeln

Die Gefiederpflege ist eine der wichtigsten Beschäftigungen des Kanarienvogels. Geputzt wird mit dem Schnabel und mit den Krallen der Zehen.

durch den Schnabel. Während der Mauser können bei dieser Beschäftigung die locker sitzenden Federn ausfallen.
Das Putzen wird meist dadurch beendet oder auch unterbrochen, daß sich der Kanarienvogel schüttelt, wobei er die Federn etwas aufplustert. Damit wird auch ein Ordnen der Federn erreicht: Beim Aufplustern nehmen

Sonderteil: Kanarienvögel verstehen lernen

die einzelnen Federn voneinander Abstand, kommen in die richtige Lage und legen sich beim anschließenden »Dünnmachen« an den richtigen Platz.

Wenn der Kanari beim Putzen Flügel und Bein streckt, ist das stets ein Zeichen von Wohlbehagen. Oft gähnt der Vogel dabei auch.

Besonders intensiv putzt sich der Kanarienvogel nach dem Baden. Ein Bad wird meist täglich genommen zur Reinigung des Körpers und der Federn. Beim Baden geht es wild her, die Flügel schlagen schwirrend ins Wasser und sprühen es über den ganzen kleinen Vogelkörper. Hinterher sind die Federn naß und alles andere als geordnet. Der Vogel muß sie nun nicht nur wieder glätten, auseinanderfitzen und zurechtlegen, sondern auch trocknen. Das dauert seine Zeit. Um die Federn geschmeidig und möglichst wasserabstoßend zu erhalten, werden sie mit einem fettigen Sekret aus der Bürzeldrüse – vor dem Schwanzansatz – am Ende des Rückens eingerieben. Das macht der Vogel mit seinem Schnabel, indem er das Sekret mit weit zurückgebogenem Köpfchen aus der Drüse entnimmt und es mit dem Schnabel durch streichende Bewegungen über seine Federn verteilt.

Das Putzen ist auch verbunden mit Streckbewegungen. Flügel und Beine, letztere im Wechsel natürlich, werden vom Körper ab und nach hinten gestreckt. Wenn wir steif geworden sind, strecken wir uns ja auch. Was der Vogel tut, ist nichts anderes. Und gähnen kann er ebenfalls. Bei solchen Gemeinsamkeiten ist es gar nicht so schwer, den Kanarienvogel zu verstehen.

Die Ratgeber für Vogelhalter und Naturfreunde

Jeder Band mit 72 Seiten, 30–40 Farbfotos, 30–55 informative Zeichnungen. Paperback.

Otto von Frisch
Der Beo
Alles über Anschaffung, Eingewöhnung, Ernährung und Krankheiten. Mit Sonderteil: Beos verstehen lernen.

Otto von Frisch
Kanarienvögel
Alles über Anschaffung, Pflege, Krankheiten, Ernährung und Gesang. Mit Sonderteil: Kanarienvögel verstehen lernen.

Annette Wolter
Wellensittiche
Alles über Anschaffung, Pflege, Ernährung und Krankheiten. Mit Sonderteil: Wellensittiche verstehen lernen.

Annette Wolter
Nymphensittiche
Alles über Anschaffung, Pflege, Ernährung und Krankheiten. Mit Sonderteil: Nymphensittiche verstehen lernen.

Petra Deimer
Papageien
Alles über Anschaffung, Eingewöhnung, Ernährung und Krankheiten. Mit Sonderteil: Papageien verstehen lernen.

Hartmut Wilke
Naturteich im Garten
Anlage und Pflege, Tiere und Pflanzen. Mit Sonderteil: Das Leben im Naturteich.

Helga Fritzsche
Igel als Wintergäste
Alles über Unterbringung, Pflege, Ernährung und Krankheiten. Mit Sonderteil: Igel verstehen lernen.

Otto von Frisch
Vögel als Wintergäste
Alles über artgerechtes Futter und richtige Fütterung. Mit Sonderteil: Nisthilfen am Haus und Garten.

GU
Gräfe und Unzer

Einstecken – Natur entdecken:
GU Kompasse, die neuen Naturführer

Jeder der hier vorgestellten **GU Kompasse** bringt auf 80 Seiten: Umfassende Bild- und Textinformationen auf kleinstem Raum – im handlichen Einsteckformat. Ideal zum Mitnehmen beim Wandern, Spazierengehen, Bergsteigen ... Passen in jede Hemd- und Hosentasche und garantiert noch ins Urlaubsgepäck. Unempfindlich, weil durch knautsch- und abwischbaren Plastikeinband geschützt. So macht „Natur entdecken" Spaß wie nie zuvor (auch Kindern). Jeder Kompaß mit 80 Seiten, 72 brillanten Farbfotos der besten europäischen Pflanzen- und Tierfotografen und mit präzisen, leicht faßbaren Beschreibungstexten bekannter Experten.

Gräfe und Unzer